I0605425

LES OMBRES DES IDÉES

DE UMBRIS IDEARUM

DANS LA MÊME COLLECTION
DERNIERS VOLUMES PARUS

R. POMA, M. SOROKINA et N. WEILL-PAROT (dir.), *Les confins incertains de la nature (XIIe-XIIIe siècle),* 248 p., tome 81, 2021

GIORDANO BRUNO, *Le sceau des sceaux,* introd. T. DRAGON, trad. fr. T. DRAGON et S. GALLAND, 240 p., tome 81, 2020

MARSILE FICIN, *Correspondance. Livre II : Opuscules philosophiques (1476-1479)*, 240 p., tome 80, 2019

MARCILE FICIN, *Correspondance. Livre I* : Epistolarium *(1457-1475)*, texte latin, traduit et annoté par J. REYNAUD et S. GALLAND, 328 p., tome 79, 2014

G. PAGANINI, Skepsis. *Le débat moderne sur le scepticisme*, 432 p., tome 78, 2008

J. BIARD et F. MARIANI ZINI (dir.), Ut philosophia Poesis. *Questions philosophiques dans l'œuvre de Dante, Pétrarque et Boccace*, 288 p., tome 77, 2008

M.-D. COUZINET, Sub species hominis. *Études sur le savoir humain au XVIe siècle*, 288 p., tome 76, 2007

F. MALHOMME et A. G. WERSINGER (dir.), Mousiké *et* Areté. *La musique et l'éthique de l'Antiquité à l'âge moderne*, 256 p., tome 75, 2007

J.-Y. LACROIX, *L'utopie de Thomas More et la tradition platonicienne,* 488 p., tome 74, 2007

JUDA ABRAVANEL, dit Léon Hébreu, *Dialogues d'amour*, 544 p., tome 73, 2006

H. D. SAFFREY, *Humanisme et imagerie aux XVe et XVIe siècles*, 288 p., tome 72, 2004

T. DAGRON et H. VÉDRINE (dir.), *Mondes, formes et sociétés selon Giordano Bruno*, 227 p., tome 71, 2003

GUILLAUME POSTEL, *Des admirables secrets des nombres platoniciens*, trad., introd. et notes J.-P. Brach, 288 p., tome 70, 2001

I. ZINGER (éd.), *Dionysos. Origines et résurgences*, 208 p., tome 69, 2001

F. FURLAN, P. LAURENS et S. MATTON (dir.), *Leon Battista Alberti*, 1 136 p., tome 68, 2000

T. DAGRON, *Unité de l'Être et dialectique. L'idée de philosophie naturelle chez Girodano Bruno*, 416 p., tome 67, 1999

DE PÉTRARQUE À DESCARTES

Directeurs : Tristan DAGRON

LXXXIII

GIORDANO BRUNO

LES OMBRES DES IDÉES

DE UMBRIS IDEARUM

Texte latin,
traduction et notes
par
Tristan DAGRON et Sébastien GALLAND

Introduction
par
Tristan DAGRON

Ouvrage publié avec le concours
du Centre national du livre

PARIS
LIBRAIRIE PHILOSOPHIQUE J. VRIN
6, Place de la Sorbonne, V^{e}

2024

Imprimé en France

ISSN 0418-4459
ISBN 978-2-7116-2-3145-2

www.vrin.fr

ABRÉVIATIONS

GIORDANO BRUNO

OLC — *Opera latine conscripta*, publicis sumptibus edita, recensebat F. Fiorentino [F. Tocco, H. Vitelli, V. Imbriani, C. M. Tallarigo], Neapoli-Florentiae, Morano, 1879-1891, 3. vol. en 8 tomes.

Op. mag. — *Opere magiche*, dir. M. Ciliberto, éd. S. Bassi, E. Scapparrone, N. Tirinnanzi, Milano, Adelphi, 2000.

Op mn. — *Opere mnemotecniche*, dir. M. Ciliberto, éd. M. Matteoli, R. Sturlese, N. Tirinnanzi, Milano, Adelphi, 2004, 2 t.

Cena — *La Cena de le Cenere, Le souper des Cendres*, éd. G. Aquilecchia, trad. fr. Y. Hersant, introd. A. Ophir, notes G. Aquilecchia, Paris, Les Belles Lettres, 1994.

Causa — *De la causa, principio et uno, De la cause, du principe et de l'un*, éd. et notes G. Aquilecchia, trad. fr. L. Hersant, Paris, Les Belles Lettres, 1996.

Infinito — *De l'infinito, universo et mondi. De l'infini, de l'univers et des mondes*, éd. G. Aquilecchia, trad. fr. J.-P. Cavaillé, introd. M. A. Granada, notes J. Seidengart, Paris, Les Belles Lettres, 1995.

Spaccio — *Spaccio de la bestia trionfante, Expulsion de la bête trionfante*, éd. G. Aquilecchia, notes M. P. Ellero, introd. N. Ordine, Paris, Les Belles Lettres 1999.

Cabala — *Cabala del cavallo pegaseo, Cabale du cheval pégaséen*, éd. G. Aquilecchia, trad. fr. T. Dagron, introd. et notes N. Badaloni, Paris, Les Belles Lettres, 1994.

Fureurs — *De gli eroici furori, Des fureurs héroïques*, éd. G. Aquilecchia, trad. fr. P.-H. Michel, revue par Y. Hersant, introd. et notes M. A. Granada, Paris, Les Belles Lettres, 1999.

Autres abréviations

De occult. philos.	Agrippa H. C., *De occulta philosophia*, éd. V. Perrone Compagni, Leiden-New York, Brill, 1992.
Arist. op.	Aristote, *Aristotelis opera cum Averrois commentariis*, Venise, 1562.
Théol. plat.	Ficin, *Théologie platonicienne*, éd. et trad. fr. R. Marcel, Paris, Les Belles Lettres, 1964.

Le texte traduit ici, que nous donnons en latin, est celui des *Opera latine conscripta*, vol. II, t. 1, V. Imbriani et C. M. Tallarigo, Neapoli, 1886, p. 7-54.

Nous nous sommes également appuyés sur l'édition et les notes de Rita Sturlese dans les *Opere mnemotecniche*, t. 1, Milano, Adelphi, 2004.

INTRODUCTION

Le texte présenté ici est la première partie d'un traité de mnémotechnique publié par Bruno à Paris en 1582, intitulé *De umbris idearum*. Cette partie théorique qui donne son titre à l'ensemble de l'ouvrage, traite spécifiquement des « ombres idéales », c'est-à-dire des représentations mentales ou formes mobilisées par l'art de la mémoire, auxquelles Bruno s'efforce d'accorder un statut philosophique, au-delà de l'usage que la tradition rhétorique leur attribue généralement. Cette introduction est suivie de deux autres parties : la seconde, intitulée *Ars memoriae* (*Art de la mémoire*), se présente comme un exposé plus convenu des grands principes de la mnémotechnique, étroitement inspiré de la *Rhetorica ad Herennium*. La troisième partie propose trois *artes breves*, c'est-à-dire trois systèmes simplifiés associant les principes mnémoniques traditionnels à la combinatoire inspirée de Lulle. Nous avons renoncé à traduire ces deux parties, pour avoir l'occasion de faire un sort particulier à l'exposé un peu singulier de Bruno et à la philosophie du signe et de l'image qu'il expose.

Le *De umbris idearum* est la première œuvre publiée connue de Giordano Bruno. Né en 1548, à Nola, Bruno entre, en 1565, au couvent de San Domenico Maggiore de Naples. Ordonné prêtre en 1573, il devient lecteur en théologie en 1575. Son intérêt pour Érasme et ses critiques du dogme trinitaire lui valent une première mise en accusation qui le contraint de s'enfuir du couvent, en 1576, et à quitter Naples. Il circule en Italie et séjourne à Genève qu'il doit quitter en 1578 pour avoir dénoncé publiquement l'incompétence du titulaire de la chaire de philosophie. Il reste ensuite deux ans à Toulouse, où il donne des leçons de philosophie comme « lecteur ordinaire ». Il y aurait publié une *Clavis magna*, ouvrage perdu traitant de mnémotechnique. En 1581, « en raison des guerres civiles », Bruno quitte Toulouse pour Paris, où il donne des leçons extraordinaires au Collège royal :

> Ensuite, à cause des guerres civiles, je quittai la ville [de Toulouse] et m'en allais à Paris, où je fis une leçon extraordinaire pour me faire connaître et faire mes preuves ; et je donnai trente leçons et je pris, comme sujet trente attributs divins tirés de saint Thomas dans la première partie <de la *Somme théologique*> ;

> ensuite, comme on m'avait proposé pour prendre un poste de lecteur ordinaire, j'y renonçai et ne voulus point l'accepter, parce que les lecteurs publics de cette ville vont ordinairement à la messe et aux autres offices divins. Or, j'ai toujours évité cela, sachant bien que j'étais excommunié pour être sorti de l'observance religieuse et avoir déposé l'habit ; et bien que j'aie eu le poste de lecteur ordinaire à Toulouse, je n'y étais pourtant pas obligé, comme cela me serait arrivé à Paris, si j'avais accepté ladite charge de lecteur ordinaire [1].

C'est à Paris qu'il publie, en 1582, le *De umbris idearum* et le *Cantus Circaeus*, deux traités mnémotechniques, ainsi que la comédie italienne, le *Candelaio* (*Le Chandelier*). L'année suivante, il publie à Londres un autre art de la mémoire, l'*Explicatio triginta sigillorum*, qui comprend le *Sigillus sigillorum* ou *Sceau des sceaux*, dont on a récemment proposé la traduction. À Londres encore il fait paraître ses célèbres dialogues philosophiques en italien (1584-1585). Dans les dix années suivantes, avant son arrestation à Venise en 1592, Bruno rédige plusieurs autres arts de la mémoire dont le *De imaginum, signorum et idearum compositione* (Francfort, 1591). Sans se présenter comme un traité mnémotechnique à proprement parler, on peut rattacher à cette série la *Lampas triginta statuarum*, ouvrage resté inédit du vivant de Bruno, sorte d'encyclopédie des termes et notions philosophiques dont l'exposition est largement empruntée aux principes de l'art.

Le *De umbris idearum* tient lieu d'introduction philosophique destinée à mettre en avant les enjeux théoriques des arts de la mémoire. On a vu, dans le cas du *Sigillus sigillorum* [2], comment la forme du traité était solidaire de son propos et de l'usage particulier des images dans les arts mnémoniques. La chose est plus vraie encore dans le *De umbris* qui aborde la problématique de la connaissance sous l'angle de l'analogie de la lumière, qui sert à la représentation imagée du processus représentatif et cognitif. Alors que l'on a tendance à regarder cette analogie comme une simple illustration visant à seconder la compréhension de conceptions théoriques qui se suffiraient à elles-mêmes, Bruno invite à procéder à l'inverse : il interroge l'analogie dans ce qu'elle a d'indéterminé ou d'ambigu, pour explorer la diversité des significations qu'elle est susceptible de recevoir. Il s'agit par là non pas d'ordonner l'usage de l'analogie à un cadre doctrinal qui en déterminerait la signification, mais au contraire d'en mettre en avant les potentialités expressives. D'où cet art d'écrire un peu déroutant, essentiellement aphoristique, que l'on rencontre dans de nombreuses œuvres de Bruno : cet art n'est jamais que la mise en pratique de la définition, inspirée d'Aristote, de l'intellection comme réflexion sur les images.

1. G. Bruno, *Documents*, I : *Le procès*, éd. L. Firpo, trad. fr. A.-Ph. Segonds, Paris, Les Belles Lettres, 2000, Document 11, p. 48-50.

2. Voir mon introduction à la trad. fr. du *Sigillus sigillorum* ou *Sceau des sceaux* : « *Imagination, mémoire et intellection dans le* Sigillus sigillorum », Paris, Vrin, 2020, p. 7-92.

Les arts de la mémoire sont assez bien connus, et leur pratique suffisamment documentée. L'originalité de Bruno tient moins aux modifications qu'il apporte aux principes et aux règles de l'art qu'à la place considérable qu'il leur donne dans son œuvre philosophique. Relativement d'abord au nombre de traités qu'il leur consacre tout au long de sa vie d'auteur, mais surtout en raison de la signification particulière qu'il leur confère. D'un simple instrument rhétorique au service de l'orateur, la mnémotechnique devient une pièce centrale de la théorie de la connaissance. Les processus mentaux mobilisés par les arts de la mémoire sont au cœur de sa conception de l'activité de pensée. D'où une série de thèses et de formules qui témoigne de l'importance que Bruno accorde à la mémoire : 1) art de la mémoire doit être entendu comme « art des arts », 2) qui ne regarde pas la seule mémoire, mais « l'âme tout entière », 3) et préside à « l'invention de nombreuses facultés ». Bruno subordonne ainsi le traditionnel exposé des facultés de l'âme à l'habitus pratique organisée par les arts de la mémoire et, si l'on veut, la fonction à l'organe ou l'instrument qui en organise l'usage, invitant à rapporter les opérations mentales et intellectuelles à ces *technologies de l'intellect* que sont les arts de la mémoire. Ce changement de perspective conduit Bruno à rapporter les arts mnémoniques, tels qu'ils sont mobilisés par la tradition rhétorique, chez Cicéron et Quintilien, à des pratiques plus anciennes dont Aristote aussi bien que Platon sont à la fois les témoins et les héritiers. Cela signifie que ces arts ne doivent pas être appréhendés comme la simple application technique d'une théorie de la connaissance, mais, au contraire, que les doctrines philosophiques de la connaissance et du fonctionnement mental (des facultés de l'âme) sont à interpréter à la lumière de l'art et des pratiques mnémoniques, c'est-à-dire de dispositions acquises et de conduites codifiées et ritualisées. Cette position singulière, à l'opposé des visions anhistoriques et décontextualisées des processus cognitifs, est au cœur de la philosophie de Bruno. En témoignerait la théorie des « contractions de l'esprit » du *Sigillus sigillorum* qui rapporte les capacités mentales à une série d'expériences et de pratiques à la fois spirituelles et corporelles, c'est-à-dire d'habitudes et de dispositions qui organisent la réalité psychique du sens interne, mais aussi bien, plus largement, la théorie du signe et de l'image que Bruno rapporte, dans le *Spaccio*, aux pratiques religieuses des prêtres égyptiens qui assimilent la contemplation et l'intellection à un habitus pratique relevant de la magie.

On s'en rend compte, ce résumé suppose que l'on assigne à la mémoire une fonction très différente de celle qu'on s'accorde généralement à lui donner aujourd'hui. Loin de se limiter à la seule conservation des traces du passé, la mémoire occupe, dans l'ensemble des facultés de l'esprit, une place centrale. En charge d'abord de l'intégration du sens interne, elle organise le matériau imaginatif et perceptif que Bruno appelle le « chaos fantastique » ou la matière première de l'âme. À ce titre, elle est au cœur des processus à l'origine des habitudes et des dispositions mentales du sujet. Mais cette forme de préparation

conditionne également l'activité des facultés supérieures de l'esprit, la raison et l'intellect, en mettant à disposition et en ordonnant les images et les signes qui servent de support et de médiation à l'activité intellectuelle. Bruno interprète ainsi la formule d'Aristote selon laquelle « intelliger, c'est réfléchir sur les images » (*intelligere est phantasmata speculari*) qu'il comprend comme un principe fondamental au cœur des arts de la mémoire. La formule, de manière significative, n'est pas regardée par Bruno comme spécifiquement aristotélicienne, mais comme un propos rapporté par Aristote témoignant d'une tradition plus ancienne, dont Platon a lui aussi été le témoin et l'interprète.

On relèvera enfin, en guise de rappel, que la notion d'image est elle-même double : les textes relatifs à la mémoire supposent que l'on distingue à côté de la fonction mimétique de l'image qui sert à figurer *ce que les sens perçoivent*, une fonction mnésique spécifique par laquelle l'image permet de représenter *ce que l'esprit conçoit* en actualisant le souvenir des choses absentes ou invisibles. Ainsi la conception mimétique fait de l'image, comme l'écrit Alberti, « une fenêtre ouverte par laquelle on puisse regarder l'histoire »[1] : « le peintre ne s'applique à imiter que ce qui peut se voir sous la lumière », c'est-à-dire à représenter ce que les sens perçoivent. Elle permet d'inclure l'optique dans l'art du peintre :

> En effet, puisque la peinture s'efforce de représenter les choses visibles (*res visas repraesentare*), notons de quelle façon les choses se présentent à la vue (*Nam cum pictura studeat res visas repraesentare, notemus quemadmodum res ipsae sub aspectu veniant*)[2].

Cette fonction mimétique de l'image est différente de la fonction mnésique, plus courante dans l'antiquité et le Moyen Âge. Ainsi chez Plotin :

> Sachons bien ensuite que les arts n'imitent pas directement les objets visibles, mais remontent aux raisons d'où est issu l'objet naturel ; ajoutons qu'ils font bien les choses d'eux-mêmes : ils suppléent aux défauts des choses, parce qu'ils possèdent la beauté : Phidias fit son Zeus, sans égard pour aucun modèle sensible ; il l'imagina tel qu'il serait s'il consentait à paraître à nos regards (*Denique Phidias ipse* Jovem *finxisse potest, nullum spectaculum proprie sensibus imitatus, sed imaginatus talem, qualis ipse Iupiter appareret, siquando nostris oculis occurrere vellet*)[3].

Ce passage de Plotin connaîtra une fortune considérable à l'époque de la Renaissance. L'idée qu'il exprime dans le langage du platonisme, renvoie à une conception usuelle de l'image mnémonique dont on trouve de nombreuses occurrences, indépendamment de l'interprétation philosophique qu'on peut en

1. L. B. Alberti, *De pictura*, I, 19 ; trad. fr. J.-L. Schefer, *De la peinture*, Paris, Macula, 1999.

2. *Ibid.*, II, 30, p. 145.

3. *Ennéades*, V, 8, 1. Outre la trad. fr. d'Émile Brehier, je mentionne la version latine de Ficin : *Plotini Opera omnia*, Bâle, 1580.

faire : ainsi l'image de la lyre doit faire penser au musicien ou encore, comme le souligne Aristote, « même s'il ne pense aucune grandeur <déterminée>, [le géomètre] visualise une grandeur, mais ne la pense pas comme grandeur ». Dans ces exemples, l'image ou la figure ne vise pas à représenter ce que les sens perçoivent, mais se rapporte à la chose absente que l'esprit conçoit. Ce qui est alors mis au premier plan, c'est le pouvoir évocateur de l'image capable, par réflexion, de susciter une intellection. Cette opposition entre deux fonctions de l'image est bien entendu provisoire, comme en témoigne la complexité de la notion de *mimèsis* aussi bien chez Aristote que chez Platon. Dans la *Poétique* notamment, Aristote insiste sur le travail de mise en forme et d'organisation qui caractérise l'imitation ou la représentation.

Chapitre premier

L'OMBRE COMME FORME « POSTÉRIEURE À LA CHOSE » (*POST REM*)

L'appréhension oblique du vrai

Le traité *Des ombres des idées* repose sur une considération qui sera au cœur de la philosophie de Bruno, sur l'idée d'une disproportion entre l'objet de connaissance ou le connaissable, et les instruments de connaissance. Notre accès à la vérité n'est pas direct et immédiat ; il est nécessairement oblique et indirect, et doit s'appuyer sur la médiation de formes, d'images, de signes ou de figures qui ne sauraient en permettre ou en garantir la possession pleine et entière. Le terme d'*ombre*, à entendre en un sens générique, renvoie à cette disproportion fondamentale. Dès la première Intention, Bruno fait état de cette situation en évoquant notamment la figure de Salomon, « le plus sage des Hébreux » :

> Le plus sage des Hébreux, pour exprimer la perfection humaine et l'acquisition (*adeptionem*) du plus haut degré qui lui soit possible de posséder dans ce monde, fait dire à son amie ces paroles : « Je me suis assise à l'ombre de celui que je désirais » [Cant., 2, 3]. En effet, cette nature qui nous est propre, n'est pas capable de résider dans le champ même de la vérité. Car il est dit : « Vanité, l'homme vivant » [Ps. 38, 6], « Tout est vanité » [Eccl. 1, 14], tandis que ce qui est vrai et bien, est unique et premier (DU, I, 1).

Il s'agit là d'un fait général, expliqué par l'éminence de l'objet infini, que ne sauraient appréhender ou s'approprier les instruments de connaissance, en eux-mêmes finis. Cet écart ou cette disproportion ne disqualifie pas la recherche de la vérité, mais conduit Bruno à mettre en avant la puissance de l'affect qui conduit l'esprit à procéder toujours au-delà de lui-même, et à désirer un objet qui se dérobe à toute possession. Cette tension et cette contradiction sont au cœur des *Fureurs héroïques* consacrées au conflit entre les yeux et le cœur, la connaissance et l'affect, l'intellect et la volonté qui caractérise la

quête d'un « objet qui ne consent pas à donner jouissance, ou pleine jouissance de lui-même, et qui est objet de désir plus que de possession »[1]. Ou encore :

> La puissance intellective jamais ne se repose, jamais ne s'apaise en une vérité comprise, mais va sans cesse plus outre vers la vérité incompréhensible. Pareillement la volonté qui suit l'appréhension, nous voyons que jamais elle ne trouve la paix en une chose finie. De là nous concluons que l'essence de l'âme ne connaît d'autre but et d'autre terme que la source de sa substance et de son entité[2].

Cette disproportion est présentée comme un lieu commun que Bruno rapporte à Aristote aussi bien qu'à Paul et Platon :

> Pour contempler les choses divines, il faut nécessairement les considérer au moyen de figures, similitudes et autres équivalences, que les péripatéticiens rangent sous le nom de fantasmes; ou encore procéder par l'intermédiaire de l'être, à la spéculation de l'essence; par la voie des effets, à la notion de cause; tous moyens si peu efficaces pour atteindre une telle fin qu'ils sembleraient des entraves, s'il faut croire que la plus haute et profonde connaissance des choses divines s'acquiert par la négation et non par l'affirmation, sachant que la beauté et la bonté divine n'est pas ce qui peut tomber sous notre concept, mais ce qui est infiniment au-delà de toute compréhension, particulièrement en cet état que le Philosophe nomme *spéculation de fantasmes* et le Théologien *vision par similitude, miroir et énigme* [I Cor. 13, 12] ; car nous ne voyons pas les véritables effets, les véritables formes des choses ou la substance des idées, mais leurs ombres, vestiges et simulacres, étant pareils à ceux qui sont dans la caverne et depuis leur naissance tournent le dos à la lumière et le visage vers le fond, de sorte qu'ils ne voient point ce qui est vraiment, mais l'ombre de ce qui, hors de la caverne, se trouve substantiellement. C'est pourquoi un esprit comparable à celui de Platon, sinon meilleur encore, pleure la vision ouverte qu'il a perdue, qu'il sait avoir perdue, et désire sortir de la caverne afin de revoir sa lumière non par réflexion, mais par immédiate conversion[3].

Ce point de départ n'est pas, en lui-même, particulièrement original, notamment parce qu'il laisse ouverte et indéterminée la question du sens à accorder à la médiation de la figure et de l'image. Son intérêt consiste moins à poser l'éminence d'un principe divin qu'à organiser une réflexion sur les instruments de la connaissance. Les moyens par lesquels l'esprit humain tente d'appréhender la vérité, en tant qu'ils sont nécessairement finis, sont eux-mêmes à l'origine d'une limite qui impose de situer leur objet infini au-delà de toute compréhension. C'est à cet effet d'horizon que Bruno rapporte constamment la notion de divinité, aussi bien que celle de substance, de nature ou d'univers : l'infini en tant que tel, dans sa simplicité, échappe nécessairement à la compréhension de l'esprit humain qui procède de manière réflexive, au moyen d'images et de signes. Cette idée d'un effet d'horizon est au

1. *Fureurs*, p. 168.
2. *Ibid.*, p. 336.
3. *Ibid.*, p. 454-4566. L' « esprit comparable à celui de Platon » est une allusion à Plotin.

cœur des arguments cosmologiques en faveur de l'infinité de l'univers qui rapporte l'apparence de finitude à la limitation de nos instruments d'observation. Elle est encore illustrée par la démarche du *De la causa* qui procède à l'examen dialectique des notions (ou raisons) de cause et d'effet, de matière et de forme, d'acte et de puissance pour montrer comment la tradition métaphysique elle-même s'organise à partir de la puissance expressive de notions qui, chacune à leur manière, induisent pareillement un effet d'horizon [1]. La définition générique de l'ombre, telle qu'elle est esquissée dans les premiers paragraphes du *De umbris idearum*, appelle cette réflexion dialectique relative aux instruments de connaissance.

La même idée est encore présente dans le *De imaginum compositione* de 1591, qui insiste pareillement sur l'écart entre les instruments de la connaissance humaine et son objet. Il n'y est plus question directement de la connaissance des réalités divines, mais de la connaissance de soi, elle aussi nécessairement oblique et réfléchie :

> De même que, dans un miroir, nous ne pouvons nous voir nous-mêmes en profondeur et en tant que nous constituons un certain individu, mais [seulement] au moyen de certains accidents extérieurs relatifs à la superficie (c'est-à-dire la couleur et la figure), ainsi que l'image de l'œil lui-même, de même notre intellect ne se voit pas lui-même ni toutes les choses qui sont en lui, sinon en apparence, en simulacre, en image, en figure et en signe. C'est ce qu'a dit Aristote, rapportant des propos exprimés avant lui par les Anciens, et que n'ont compris que peu de Modernes : *notre intellection* – c'est-à-dire les opérations de notre intellect – *ou bien est imagination, ou bien n'a pas lieu sans imagination* ; ou encore : *nous n'intelligeons pas, sinon par réflexion sur les images*. Ce qui signifie que nous ne comprenons pas dans la simplicité, le repos et l'unité, mais dans la composition, la comparaison, la pluralité des termes, au moyen du discours et de la réflexion. Si notre esprit est tel, telles doivent être également ses opérations, de sorte que lorsqu'il recherche, invente, juge, dispose et se remémore, il ne s'écarte pas de son miroir et ne procède pas sans image [2].

Cette tension entre la vérité première et la série des instruments de connaissance est encore brièvement exposée dans l'*Expulsion de la bête triomphante* : elle permet de distinguer deux formes de vérité, associées à deux espèces de sagesse : en deçà de la vérité « située au-dessus de toutes choses », il y a cette vérité inférieure, « celle que tu vois sensiblement et que tu peux comprendre du haut de ton intellect ». Cette dernière « n'est pas la vérité suprême et première (*somma e prima*), mais une certaine figure, une certaine image et un certain éclat de celle-ci (*ma certa figura, certa imagine e certo splendore di quella*) » [3]. Pareillement la sagesse (*Sofia*) est de deux espèces :

1. Voir T. Dagron, *Unité de l'être et dialectique. L'idée de philosophie naturelle chez Giordano Bruno*, Paris, Vrin, 1999.
2. *De imag. compos.*, *OLC*, II, 3, p. 91 ; *Op mn.* II, p. 486-488.
3. *Spaccio*, p. 180-182.

> La première est supérieure, supracéleste et supramondaire, si l'on peut dire. Elle est la providence elle-même ; elle est à la fois la lumière et l'œil : un œil qui est la lumière elle-même, une lumière qui est l'œil lui-même [1].

La seconde sagesse « en est la conséquence, mondaine et inférieure » :

> Elle n'est pas la vérité elle-même mais elle est véridique et participe de la vérité ; elle n'est pas le soleil, mais la lune, la terre, l'astre qui luit par l'effet d'une lumière extérieure. Ainsi elle n'est pas Sofia par essence, mais par participation, elle est un œil qui reçoit la lumière et qui est éclairé par une lumière extérieure et étrangère (*e viene illuminato da lume esterno e peregrino*) [2].

La première est « invisible, infigurable et incompréhensible, au-dessus de tout, en tout et au-dessous de tout », l'autre est « figurée dans le ciel, illustrée dans les esprits, communiquée par les mots, digérée par les arts, tracée par les écrits » [3]. Cette vérité seconde rencontre différents *sujets* ou supports (le ciel mnémonique du *Spaccio*, les esprits, le langage, les arts ou les techniques et enfin les livres) capable de la comprendre ou de la contenir, en tant qu'images d'une vérité qui, en elle-même, échappe aux instruments de figuration et d'organisation du savoir.

L'idée d'une éminence de la vérité permet à Bruno de mettre en avant la pluralité irréductible des voies d'accès à la connaissance. En elle-même « infigurable et incompréhensible », la vérité se laisse appréhender « réflexivement » de différentes manières, du dehors, « en ombre, similitude et miroir » : cette variété induit une pluralité de points de vue, mais elle repose d'abord sur la diversité des arts et des techniques capables de mettre en forme et d'organiser la multiplicité qui procède de l'unité première. Cette fonction d'organisation est au cœur des arts mnémoniques tels que les conçoit Bruno.

1. *Spaccio*, p. 186-188.
2. *Ibid.*
3. *Ibid.*, p. 188. La distinction entre deux sagesses ou Sofia est encore exposée en termes similaires dans la *Cabale du cheval pégaséen*, où elle est associée à la distinction entre trois états de la forme, selon qu'elle est antérieure à la chose, dans les choses et postérieure à la chose, telle qu'elle est appréhendée en espèce et similitude par les facultés de connaître : « Nulle chose n'est plus proche et apparentée à la vérité que la science. On doit la diviser en deux parties (comme elle se divise elle-même), c'est-à-dire en supérieure et inférieure. La première est au-dessus de la vérité créée, c'est la vérité incréée elle-même, cause de tout : c'est en effet par elle que les choses vraies sont vraies et que tout ce qui est, est vraiment ce qu'il est. La seconde est la vérité inférieure, elle ne rend pas les choses vraies ni ne s'identifie avec elle, mais est dépendante et produite, formée et informée par les choses vraies qu'elle appréhende, non dans leur vérité, mais par espèce et similitude : car dans notre esprit où se trouve la science de l'or, il n'y a pas l'or en vérité, mais seulement en espèce et similitude. Ainsi existe-t-il une sorte de vérité, cause des choses, qui se trouve au-dessus de toutes les choses ; une autre qui se trouve dans les choses et qui est la vérité des choses ; une troisième et dernière sorte de vérité qui vient après les choses et en procède. La première est appelée cause, la seconde, chose, et la troisième, connaissance » (p. 69). La thèse paradoxale de la *Cabale* est que l'ignorance est la médiation par laquelle l'esprit appréhende la vérité.

L'OMBRE ET L'IMAGE

L'expression « ombre des idées » n'est pas en elle-même originale. On la retrouve régulièrement sous la plume des auteurs platoniciens qui s'inspirent de la *République* : l'ombre est alors une forme dégradée de l'image dont elle n'a ni la clarté ni la distinction. Ainsi chez Ficin :

> De telles formes [les formes corporelles] ni n'existent suffisamment, ni ne montrent suffisamment les choses divines. Les vraies réalités, ce sont les idées, les raisons et les semences. Mais les formes des corps semblent plutôt des ombres que des choses véritables. Or, comme l'ombre d'un corps ne dessine pas la figure exacte et distincte de ce corps (*exactam atque distinctam corporis figuram non indicat*), ainsi les corps ne sauraient nous montrer (*non demonstrant*) la nature propre des choses divines [1].

Dans la *Théologie platonicienne*, la même idée est sert à résumer une position commune des platoniciens, au-delà des différences qui pourraient les distinguer :

> Plotin et Proclus confirment l'existence des idées par les arguments précédents et les placent dans le premier Dieu, comme ils disent, tantôt dans le second. Mais quelques autres arrivent au même résultat de la manière suivante. Dans la matière rejaillit la dernière ombre des idées, tandis qu'au-dessus de la matière brille la face de toutes les idées dont la source est Dieu, auteur des êtres, comme Platon l'enseigne dans le *Timée* [28c-29b], ainsi que dans le dixième livre de la *République* [X, 596c] et dans le *Parménide* [134d] [2].

Dans la plupart de ces textes, Ficin entend précisément récuser la doctrine de l'abstraction au nom de la théorie de la réminiscence qui repose sur la préexistence, dans l'intellect, de « formules innées » qui sont les « images claires » des idées :

> C'est pourquoi les idées divines ont imprimé en nous, comme sur des miroirs, des images parfaites et claires (*absolutas atque distinctas*) ; dans la nature corporelle, au contraire, des ombres confuses, de même que nous, à la lumière, nous reproduisons sur un miroir une image claire de notre corps, mais une ombre sur le mur. Mais là où une idée luit d'une manière parfaite et claire, non seulement elle luit clairement, mais pour ainsi dire entièrement. Car toutes les propriétés de l'idée [...] consistent principalement en ce qu'elle est universelle et indépendante (*universalis atque soluta*). Ce qui montre qu'il y a en nous non des ombres, mais des images claires des idées (*non umbrae idearum, sed imagines perspicuae*), c'est que nous distinguons d'une manière exacte leurs ombres de leurs images ou que leurs formules gravées en nous nous les représentent avec évidence, nous orientent vers elles et que les ombres des idées nous les

1. M. Ficin, *Commentarium in Convivium Platonis. De amore. Commentaire sur le Banquet de Platon*, éd. et trad. fr. P. Laurens, Paris, Les Belles Lettres, 2002, II, 4, p. 35.

2. M. Ficin, *Théologie platonicienne*, éd. et trad. fr. R. Marcel, Paris, Les Belles Lettres, 1964, XI, 4, p. 114

représentent dans les corps après seulement qu'elles ont été purifiées et corrigées par les formules de notre intelligence (*per nostrae mentis formulas*) [1].

La distinction renvoie ainsi à l'âme rationnelle capable de représentation *per distinctas imagines*, au moyen d'images ou d'espèces forgées à partir de ces formules innées tirées des profondeurs de l'intelligence, éveillées par l'expérience des sens et purifiées par la raison :

> Mais lorsque, selon notre habitude, nous disons, à la manière d'Aristote, que l'intelligence engendre des espèces nouvelles, nous pouvons dire aussi plus exactement, à la manière des platoniciens, que les espèces innées sont tirées des profondeurs de l'intelligence (*Ubi autem Aristotelis more mentem dicere solemus novas species procreare, possumus etiam proprius more platonico dicere innatas species ex mentis penetrabilibus erui*) [2].

Ce processus d'éduction, opposé à l'abstraction, repose bien sur l'activité de l'imagination et des sens. Il ne produit pas des espèces nouvelles, mais permet l'actualisation de ces formules innées :

> C'est pourquoi l'intelligence, pas plus que les sens, comme le pensent les platoniciens, ne sont informés par des corps extérieurs pour percevoir quoi que ce soit. Mais de même que la partie vivifiante transforme, nourrit, et développe au moyen de germes (*per insita semina*) qu'elle porte en elle-même, de même le sens intérieur et l'intelligence jugent tout au moyen de formules évidemment innées, mais éveillées par les objets extérieurs (*per formulas innatas quidem et ab extrinsecis excitatas omnia iudicant*). Et ce jugement n'est pas autre chose que le passage d'une formule d'une certaine puissance à l'acte [3].

On trouve ailleurs une définition semblable de la réminiscence, dirigée contre l'idée que l'intelligence recevrait les formes des réalités corporelles (*Mens corporum omnium formas accipit*) :

> Les reçoit-elle vraiment ? Oui assurément, car elle juge de la même manière qu'elle reçoit : elle juge véritablement donc elle reçoit véritablement ; et elle reçoit, dis-je, par elle-même (*accipit a seipsa*), selon les platoniciens, quand éveillée par les images des corps, elle fait apparaître à la lumière les formes qui sont cachées dans les profondeurs de l'intelligence (*quando corporum simulacris excitata, formas quae in mentis abditis latent promit in lucem*) [4].

Ficin soutient bien, contre les « averroïstes », que l'image n'est pas un « instrument » du processus intellectif, en lui-même irréductible à la fantaisie ou imagination :

> De même que les images des singuliers ne sont pas gravées par les corps dans notre fantaisie, comme nous l'avons prouvé ailleurs, de même les espèces de

1. M. Ficin, *Théologie platonicienne*, XI, 4, p. 133-134.
2. *Ibid.*, XI, 3, p. 107
3. *Ibid.*, p. 97
4. *Ibid.*, VIII, 13, p. 322.

l'universel ne sont pas imprimées dans l'intelligence par les images (*a simulacris non signantur in mente*). C'est l'intelligence qui les crée par sa propre puissance (*per vim suam efficit*), comme la fantaisie forge par la sienne les images (*sicut fantasia fingit simulacra per seipsam*). Comment en effet l'image qu'on appelle aussi fantasme (*phantasma*), créerait-elle une réalité indépendante et plus étendue qu'elle-même ? Car elle est individuelle, soumise aux conditions de la matière ; l'espèce au contraire, parce qu'elle est universelle, est plus indépendante et plus étendue. Si cette espèce qu'on appelle aussi un universel, ne dérive pas des images, elle provient encore bien moins des objets extérieurs qui ne peuvent informer l'intelligence par un autre moyen que par les images [1].

LE SENS GÉNÉRIQUE DE L'OMBRE CHEZ BRUNO

Cette distinction entre les ombres et les images claires et distinctes est évoquée dans le *De umbris idearum* : « ce que l'image fait voir (*demonstrat*) avec la variété, l'ombre, qui est inférieure aux limites extérieures de la figure, le présente (*profert*) presque sans variété et souvent même de manière trompeuse ». Mais Bruno précise aussitôt : « Je parle <ici> de l'ombre en tant qu'ombre, non pas de l'ombre telle qu'elle fait l'objet de notre propos » (Intention XI). Pareillement, après avoir mentionné la puissance de l'esprit humain de « participer du bien et du vrai », capable d'être non pas l'image à proprement parler du premier principe, mais « à son image », Bruno distingue la partie supérieure de l'âme qui « fait l'expérience dans l'intelligence humaine de quelque chose de l'ordre de l'image », de la partie inférieure par laquelle « <nous n'en sentons que> l'ombre elle-même » (Intention I).

La notion d'ombre qui organise le traité (« l'ombre telle qu'elle fait l'objet de notre propos ») doit être entendue en un sens différent : elle désigne en général les espèces ou réalités mentales par lesquelles l'esprit tente d'appréhender le vrai. Ce sens générique est lui-même tout à fait traditionnel. Il renvoie expressément à la définition des trois états de l'universel ou de la forme. Une tripartition que l'on trouve notamment chez Porphyre qui distingue, dans l'*Isagoge*, l'universel « antérieur à la pluralité », l'universel « dans la pluralité » et l'universel « postérieur à la pluralité » [2]. D'où la distinction, devenue traditionnelle, entre une forme « antérieure à la chose » (*ante rem*), une forme « dans la chose » (*in re*) et une forme « postérieure à la chose » (*post rem*). C'est depuis ce cadre évidemment large que Bruno justifie régulièrement l'expression « ombre des idées », pour définir les espèces mentales qui constituent le « monde rationnel » et dont l'examen appartient à la logique. Cette terminologie est à chaque fois rapportée à l'usage spécifique qu'il a proposé dans le *De umbris idearum*.

1. *Ibid.*, XI, 3, p. 98.
2. Pour une mise au point sur l'origine de la tripartition et les débats auxquels elle a donné lieu, voir A. de Libera, *La Querelle des universaux de Platon à la fin du Moyen Âge*, Paris, Seuil, 1996.

Parmi les nombreuses formulations qu'il en propose, on peut mentionner l'exposé du *De imaginum compositione* :

> L'être s'entend de trois manières distinctes : métaphysique, physique et logique, en un sens général ; de même il y a trois principes de toutes choses : Dieu, la nature et l'art ; et trois effets, le divin, le naturel et l'artificiel.
>
> Tout agent qui œuvre non par nécessité, mais à dessein doit concevoir d'abord l'espèce de la chose à produire. Cette espèce antérieure aux choses naturelles est appelée *idée*, elle est dite *forme* ou *vestige des idées* dans les choses naturelles ; dans les choses postérieures à la nature, elle est dite *raison* ou *intention*, qui se distingue des premières et des secondes et qu'un temps nous avons pris l'habitude d'appeler *ombres des idées.*
>
> Les idées sont les causes des choses antérieures aux choses ; les vestiges des idées sont les choses-mêmes ou bien dans les choses ; les ombres des idées dépendent des choses-mêmes ou sont postérieures aux choses (*ab ipsis rebus seu post res*) : la raison de leur être, dit-on, est aussi inférieure aux choses-mêmes qui sont issues du sein de la nature, que <l'être de ces choses> l'est par rapport à l'esprit (*mens*), l'idée ou le principe efficient, surnaturel, substantifique et suressentiel [1].

On retrouve, dans le *Cantus Circaeus*, une terminologie analogue :

> Par là, si l'on appelle *vestiges des idées* ces <formes> extrinsèques <sensibles>, dans le livre intitulé *De umbris* nous avons appelé *ombres intérieures* les formes intérieures [2].

Pareillement dans les *Theses de magia* :

> À parler correctement, les idées sont les êtres métaphysiques, les vestiges des idées sont les êtres physiques, les ombres des idées sont les êtres de raison. Les premières peuvent être comparées aux sceaux qui impriment <leur marque> ; les secondes, aux formes imprimées ; les troisièmes, aux formes appréhendées par l'œil ou le sens [3].

On lit encore dans la seconde partie du *De umbris idearum* :

> Car on estime que les formes présentes dans les corps ne sont autres que les images (*imagines*) des idées divines ; et quel meilleur nom donner que celui d'*ombre des idées* à celles qui sont dans les sens internes de l'homme, puisqu'elles sont aussi distantes de la réalité des choses naturelles que le sont les formes naturelles des êtres métaphysiques [4] ?

Dans le *De imaginum compositione*, Bruno définit ainsi l'idée et distingue trois mondes distincts, correspondant aux trois disciplines philosophiques :

> En premier lieu, l'idée se dit au sens propre de la forme antérieure aux choses ; elle <désigne> quelque chose de métaphysique (*idea proprie dicitur forma ante res et*

1. *De imaginum, signorum et idearum compositione*, *OLC*, II, 3, p. 94-95 ; Op. mn, II, p. 492.
2. *Cantus Circaeus*, *OLC*, II, 1, p. 235 ; *Op mn.* I p. 694)
3. *Theses de magia*, XI, *OLC*, III, p. 462-463 ; *Op. mag.*, p. 340.
4. *De umbris idearum*, *OLC*, II, 91-92 ; *Op mn.* I, p. 196.

> *metaphysicum quiddam*), à savoir l'espèce suprasubstantielle du monde et des réalités qui sont dans le monde, à laquelle appartient un être plus vrai que celui du monde physique, de même que ces choses naturelles et qui existent réellement, autrement dit le monde physique, ont un être plus vrai que celui du monde des similitudes, qui sont inscrites selon le nombre dans les sens internes. De même en effet que nos intentions tirent leur origine des choses naturelles et qu'elles n'existeraient pas si ces dernières n'existaient pas, tout comme il n'y aurait pas d'ombres si les corps n'existaient pas, pareillement les choses naturelles elles-mêmes, autrement dit le monde physique, ne sauraient être si ne préexistait ce monde métaphysique, autrement dit l'idée qui soutient toutes choses et se communique elle-même par l'acte de l'esprit et de la volonté divine.
>
> Après l'idée vient donc le monde physique, que nous appelons avec Zoroastre la trace des idées, auquel il est d'usage d'attribuer, en un sens particulier, le nom d'essence des formes.
>
> En troisième lieu vient le monde rationnel, c'est-à-dire l'universalité des choses dans l'Intention ; il est forgé à partir des espèces abstraites des choses physiques ; relativement à la raison de son entité, ce monde est plus éloigné de la vérité idéale que ne l'est le vestige ; il est ainsi justifié de le concevoir au moyen de la notion d'ombre ; et les parties de cet ensemble sont comprises sous le nom d'espèces et de genre pris au sens logique. Par conséquent, suivant ceux qui philosophent de manière plus subtile et qui s'expriment de manière appropriée, nous avons attribué un sens entièrement différent aux trois termes d'idée, de forme et d'espèce [1].

On trouve une présentation analogue dans le *Sigillus sigillorum* :

> La première forme, que nous appelons hyperessence ou bien, dans notre langue, superessence, s'étend depuis le sommet de l'échelle naturelle des êtres jusqu'au plus bas et au fond de la matière ; dans le monde métaphysique, elle est la *source des idées*, prodigue les formes de toutes choses et répand les semences dans le sein de la nature ; dans le monde physique, elle imprime les *traces des idées* sur le dos de la matière, multipliant en quelque sorte une image unique selon l'espèce, en la plaçant face à de nombreux miroirs ; dans le monde rationnel, elle figure les *ombres des idées*, distinguées selon le nombre pour les sens et selon l'espèce pour l'intellect, illuminant, autant que possible, les ténèbres et donnant leurs couleurs aux choses et intentions. Dans cette première cause, les formes sont appelées entité, bonté, unité ; dans le monde métaphysique, elles sont l'être, le bien, l'antérieur au multiple ; dans le monde physique, les êtres, les biens, le multiple ; dans le monde rationnel, ce qui dérive des êtres, des biens et du multiple [2].

Ces occurrences montrent que les « ombres des idées » regardent les espèces ou images mentales produites à partir des choses physiques. La définition est générique, puisque les réalités mentales ainsi désignées renvoient aussi bien aux formes appréhendées par le sens interne que les intelligibles abstraits par l'intellect humain. Bruno l'indique encore dans ce passage de la *Lampas triginta statuarum*, au chapitre « De primo intellectu » (§ XXIII) :

1. *De imaginum compositione*, *OLC*, II, 3, p. 97-98 ; *Op mn.* II, p. 498.
2. *Sigillus sigillorum*, II, 11.

> Nous entendons par l'intellect l'intelligence première (*mentem primam*), le père de la lumière; par l'intellect premier, la source des idées et l'idée des idées; par les intelligences, les miroirs, les espèces dans la nature, les vestiges des idées; et par les raisons de ces espèces dans notre intellect, les ombres des idées [1].

La même terminologie sert régulièrement, d'un bout à l'autre de l'œuvre de Bruno, à signifier un même cadre doctrinal.

Ces formules sont à prendre avec prudence. On se gardera en particulier de les interpréter trop rapidement : sous la plume de Bruno, il s'agit à chaque fois de définir le domaine spécifique dans lequel s'inscrivent les arts de la mémoire à partir des éléments qui lui servent de matériau : les images, signes ou les espèces mentales qui entrent dans le processus de connaissance. D'où cette définition de l'art comme d'une méthode qui a trait non aux choses, mais aux signes qui permettent de les signifier :

> Les êtres se distinguent donc en ceux qui sont, à savoir les choses, et en ceux qui sont signes ou indices de ceux qui sont : cette distinction est pratiquement la même que celle que le vulgaire établit entre la substance et l'accident. Dans le présent traité, nous établissons une méthode relative non aux choses, mais aux manières de les signifier [2].

Comparables aux songes de la *République*, ces ombres, tirées des sens et des abstractions de la raison, sont bien des accidents qui servent de matériau aux puissances cognitives de l'âme en charge d'organiser le « chaos fantastique » : ce sont les « monstres et chimères » forgés à partir des « espèces, figures, simulacres, similitudes, images, fantômes, copies, indices, signes, marques,caractères et sceaux (*species, figurae, simulacra, similitudines, imagines, spectra, exemplaria, indicia, signa, notae, characteres, sigilli*) » [3], régulièrement énumérés par Bruno dans ses œuvres mnémotechniques. Le cadre doctrinal qu'organise la distinction entre les idées, leurs vestiges et leurs ombres peut donc être entendu comme l'affirmation du caractère nécessairement indirect et médiat de la connaissance humaine.

1. *Lampas trigita statuarum*, *OLC*, III, p. 51 ; *Op. mag.* p. 1040 : « Intelligamus mentem primam parentem luminis, intellectum primum fontem idearum et idea idearum, intelligentia specula, species in natura idearum vestigia, rationes illarum in nostro intellectu umbras idearum ».

2. *De imaginum compositione*, *OLC*, II, 3, p. 95 ; *Op. mn.* II, p. 193-194 : « Distinguuntur ergo entia in ea quae sunt seu res, et in haec quae eorum quae sunt, sunt signa vel indicationes : quae distinctio fere eadem est atque quae vulgo circumfertur in substantiam et accidens. Nos in proposito haudquaquam de rebus, sed de rerum significativis methodum instituimus ».

3. *Sigillus sigillorum*, II, 12.

CHAPITRE II

LE MÉCANISME DU SOUVENIR
PLATON ET ARISTOTE

Cette conception du caractère indirect de la connaissance humaine justifie la place centrale de la mnémotechnique dans la pensée de Bruno. Pour s'en convaincre, il suffit de se rapporter à la définition antique du mécanisme du souvenir que l'on trouve aussi bien chez Platon que chez Aristote. Une définition convenue que l'on peut regarder comme indépendante des controverses autour de la théorie de la réminiscence, mais qui organise au moins jusqu'à l'âge classique les conceptions de la mémoire : non comme une thèse susceptible de faire débat, mais comme une notion commune capable de servir d'arrière-plan à des conceptions plus élaborées et spécifiques. En guise de rappel et pour prévenir quelques malentendus courants, on peut ici revenir sur quelques passages du *Phédon* et du *De memoria* [1].

LA RÉMINISCENCE DANS LE *PHÉDON*

Dans le *Phédon*, après avoir évoqué l'argument du *Ménon* qui assimilait le savoir à une réminiscence, Socrate corrige le résumé qu'en faisait Cébès en réduisant un peu vite la thèse à son arrière-plan mythique et religieux. Pour cela, il donne une définition à la fois plus précise et plus générale de la réminiscence, relative non plus au temps ni au contenu du savoir, mais aux modalités et aux conditions de sa production (73c) :

1. J'y reviendrai de manière plus développée ailleurs. Ce rappel est cependant nécessaire ici. Je mentionnerai les traductions latines : pour Aristote : *Aristotelis opera cum Averrois commentariis*, Venise, 1562 et pour Platon, celle de Ficin (1482) que je cite d'après dans l'édition parue à Lyon en 1590.

> Donc nous sommes bien d'accord également sur ce point, que le savoir, quand il se produit dans les conditions que je vais dire, est une réminiscence ? Voilà le sens de mes paroles : toutes les fois que, voyant une chose ou l'entendant, ou la saisissant par une sensation quelconque, non seulement on connaît cette chose, mais on conçoit en plus une autre chose [1] – qui est l'objet non pas du même, mais d'un autre savoir –, n'est-on pas en droit de dire, dans ce cas, qu'on s'est souvenu de la chose qu'on a conçue [2] ?

Le souvenir n'est plus défini par le rapport au temps, mais comme un mécanisme psychologique précis. Il y a souvenir toutes les fois qu'une sensation actuelle quelconque entraîne deux conceptions mentales différentes et simultanées : non seulement la conception mentale de la chose sentie ou perçue, mais aussi celle d'une « autre chose » ; un savoir relatif à la chose sentie elle-même, et un « autre savoir » différent par son objet. *La spécificité du souvenir tient à cette double conception.* C'est pour cette raison que Socrate est conduit à insister sur l'écart qui doit exister entre la connaissance relative à l'objet senti, dont la nature est appréhendée mentalement de manière directe, et la connaissance indirecte d'une autre chose qui définit le souvenir. Socrate en donne alors plusieurs exemples (73d) :

> Autre est, je pense, le savoir relatif à un homme ou relatif à une lyre. – Comment en effet le nier. – Mais ne sais-tu pas que c'est ce qui arrive aux amants, quand ils voient une lyre, un vêtement, n'importe quoi d'autre dont leurs bien-aimés ont l'habitude de se servir ? En même temps qu'ils ont connaissance de la lyre, ils ont dans la pensée l'idée du garçon auquel appartient la lyre (ἔγνωσάν τε τὴν λύραν καὶ ἐν τῇ διανοίᾳ ἔλαβον τὸ εἶδος τοῦ παιδὸς οὗ ἦν ἡ λύρα). Eh bien, c'est cela une réminiscence. De même il arrive souvent

1. P. Vicaure (CUF) traduit ainsi : « si, quand on voit, quand on entend quelque chose d'autre, quand on a quelque autre sensation, on ne se borne pas à connaître l'objet en question, mais on a aussi l'idée d'autre chose, n'avons-nous pas raison de déclarer qu'on s'est ressouvenu de cela même dont on a eu l'idée ? » L. Robin (Bibliothèque de la Pléiade) donne : « Notre connaissance ne se borne pas à ce dont il s'agit ». L'idée fondamentale est ici que la sensation ou perception fait naître non pas une conception mentale, mais deux : l'une portant sur la chose perçue et l'autre relative à un objet de pensée différent. C'est la raison pour laquelle la traduction de M. Dixaut apparaît ambiguë. Elle donne : « non seulement on *perçoit* cette chose, mais on conçoit en plus une autre chose », pouvant laisser entendre que Socrate distingue seulement une connaissance perceptive, relevant de la sensibilité, d'une conception intellectuelle.

2. *Plat. Op.*, p. 338a : Ἆρ' οὖν καὶ τόδε ὁμολογοῦμεν, ὅταν ἐπιστήμη παραγίγνηται τρόπῳ τοιούτῳ, ἀνάμνησιν εἶναι ; Λέγω δὲ τίνα τρόπον τόνδε. ἐάν τίς τι ἕτερον ἢ ἰδὼν ἢ ἀκούσας ἤ τινα ἄλλην αἴσθησιν λαβὼν μὴ μόνον ἐκεῖνο γνῷ, ἀλλὰ καὶ ἕτερον ἐννοήσῃ οὗ μὴ ἡ αὐτὴ ἐπιστήμη ἀλλ' ἄλλη, ἆρα οὐχὶ τοῦτο δικαίως λέγομεν ὅτι ἀνεμνήσθη, οὗ τὴν ἔννοιαν ἔλαβεν (« Nunquid ergo et hoc confitemur, inquit, quoties scientia hoc modo provenit reminiscientia eam esse. Dico autem hoc pacto. Siquis aliud quiddam viderit vel audiverit vel alio perceperit sensu, neque solis id ipsum cognoscat, verumetiam agnoscat aliud quiddam, cuius non una eademque, sed alia scientia sit, nonne merito dicemus nunc eius rei reminisci in cuius pervenerit notionem ? »).

> qu'en voyant Simmias, on se souvienne de Cébès ; et l'on trouverait, je pense, des milliers d'autres exemples du même ordre [1].

On a bien trois types d'appréhension : la première, la sensation, par laquelle on perçoit la lyre ou le vêtement, la seconde est un savoir ou un jugement par lequel la sensation est rapportée à la conception mentale de l'objet senti (un savoir relatif à la lyre), et une troisième, qui définit la réminiscence, qui est la conception mentale relative non à l'objet senti, mais à autre chose (le garçon auquel appartient la lyre ou le vêtement). Dans le passage, Socrate se borne à expliciter ce qu'il faut entendre quand on parle de souvenir. Il poursuit alors avec une nouvelle série d'exemple dans lesquels la sensation qui éveille le souvenir n'est pas directement la chose sentie (une lyre, Simmias), mais une image ou une figure dessinée ou peinte (73e) :

> Est-il possible que, voyant le dessin d'un cheval ou le dessin d'une lyre, c'est d'un homme qu'on se souvienne ? ou que, voyant le portrait de Simmias, on se ressouvienne de Cébès ? – Mais évidemment. – Possible aussi, donc, qu'en voyant le portrait de Simmias, c'est de Simmias lui-même qu'on se ressouvienne [2] ?

Les exemples de la lyre et du cheval qui servent à signifier le musicien ou le cavalier renvoient à un symbolisme mnémonique assez convenu. Comme on le voit, le propos n'est pas de rapporter directement la peinture ou le dessin à l'objet représenté (le portrait de Simmias à Simmias en personne), mais d'illustrer un processus par lequel l'image (de la lyre, du cheval ou de Simmias) renvoie dans l'esprit du spectateur cette « autre chose » dont on se souvient. En d'autres termes, la peinture n'illustre pas la fonction *mimétique* de la peinture ou du dessin (représenter ce que les sens perçoivent), mais à une fonction différente, *mnémonique*, dont le propre est de signifier ce que l'esprit conçoit [3].

Socrate relève ensuite que « la réminiscence s'opère aussi bien à partir de choses semblables qu'à partir de choses dissemblables » (74a). Paradoxalement en apparence, c'est le cas des souvenirs qui ont lieu au moyen de choses semblables qui pose problème : le souvenir repose sur l'appréhension d'un

1. *Ibid.*, p. 339a : « Alia quodammodo hominis scientia est, alia lyrae. – Quidni, inquit Simmias ? – An ignoras hoc amantibus evenire, cum lyram, aut vestem, aut quid aliud ex his aspiciant, quibus uti eorum pueri adamanti consueverunt. Nam et agnoscunt lyram, et simul mente formam recolunt pueri cuius erat lyra. Hoc vero est reminisci. Ceu siquis cum Simmiam viderit saepe, Cebetis recordetur, et caetera eiusdem generis infinita ».

2. *Ibid.*, 339b : « Contingitne, ut qui equum pictum viderit, pictamque lyram, reminiscatur hominis ? Atque cum pictum aspexerit Simmiam, veniat illi in mentem, et Cebes. Sic utique, inquit. Nonne evenit etiam, ut qui Simmiam inspexerit pictum, ipsum quoque Simmiae recordertur ».

3. De ce point de vue, le fait de se souvenir de Simmias en voyant son portrait n'est pas premier. Ce n'est qu'un cas particulier de la réminiscence qui suppose un écart et une différence. Le souvenir ne repose donc pas sur la similitude, mais suppose la dissemblance. Faute de garder à l'esprit que Platon interroge partout la fonction *mnésique* de l'image, on se prive parfois de comprendre le sens et la portée de sa critique de la ressemblance *mimétique*.

écart ou une dissemblance qui sert à qualifier la conception mentale en tant que souvenir[1]. Socrate le précise en effet aussitôt (74a) :

> Mais quand c'est à partir d'objets semblables qu'on se souvient de quelque chose, n'est-on pas, en plus, forcé d'avoir cette réaction : réfléchir et se demander s'il manque quelque chose ou non à un objet donné quant à sa ressemblance avec ce dont on se ressouvient[2] ?

En d'autres termes, le souvenir suppose un acte réflexif, c'est-à-dire un jugement, en charge de déterminer si la conception mentale est bien un souvenir, si elle relève non de la connaissance directe de la chose sentie, mais bien d'une « autre science ».

La réflexion en quête de dissemblance introduit finalement la considération des notions ou idées appréhendées dans leur différence. La pensée de l'« égal lui-même » émerge ainsi de la comparaison des bouts de bois ou des cailloux tous différents, mais égaux relativement à « quelque chose qui, comparé à tout cela, est différent » (74a). Or « c'est bien à partir de ces choses égales, de celles qui sont différentes de ce fameux égal en soi, que tu as conçu et acquis le savoir de celui-ci » (74c)[3]. Cette forme de réflexion par laquelle l'égal est appréhendé et conçu à partir de la dissemblance et du défaut, constitue bien cette « autre savoir » qui définit la réminiscence. D'où la conclusion de Socrate :

> Dès lors que, voyant un objet, cette vision a été l'occasion pour toi d'en concevoir un autre – soit semblable, soit dissemblable – ce qui s'accomplit est nécessairement une réminiscence (74c-d)[4].

C'est l'appréhension de la dissemblance qui permet la connaissance de l'égalité en soi. Ce jugement est, dans sa forme, similaire à l'inférence par le dissemblable qui définit le souvenir ou la réminiscence. Il y a donc souvenir quand, *voyant une chose*, on est amené à *en concevoir une autre*.

On peut mesurer ici l'écart qui existe entre la voie suivie dans le *Ménon* et celle du *Phédon*. Dans le *Ménon*, Socrate, pour résoudre l'aporie liée à l'apprentissage, prenait appui sur les propos des théologiens relatifs à la préexistence de l'âme. La « théorie de la réminiscence » était ainsi directement présentée comme une fable poétique susceptible d'apporter un éclairage sur la difficulté

1. Dans l'Intention X, Bruno critique dans le même esprit l'usage de la similitude « par équiparité », ou relation *inter paria*.

2. *Plat. Op.*, p. 339b : « Verum quoties ob similia quispiam alicuius reminiscitur, an non necesse est id super intelligere, utrum deficiat hoc secundum similitudinem necne, ab illo cuius repetita memoria est ? ».

3. *Ibid.* : « Verumtamen ab his aequalibus quae alia sunt quam ipsum illud aequale, ipsius simul excogitasti scientia, atque percepisti ».

4. *Ibid.* : ἕως ἂν ἄλλο ἰδὼν ἀπὸ ταύτης τῆς ὄψεως ἄλλο ἐννοήσῃς, εἴτε ὅμοιον εἴτε ἀνόμοιον, ἀναγκαῖον, ἔφη, αὐτὸ ἀνάμνησιν γεγονέναι (« quatenus enim aliud conspicatus, ex hac ipsa perspectione aliud intellexeris, sive simile, sive dissimile, necesse est hinc reminiscentiam provenire »).

en question. Dans le *Phédon*, Socrate propose au contraire d'interpréter la doctrine théologique des poètes en la rapportant au mécanisme psychologique du souvenir. S'appuyant pour cela sur des pratiques mnémoniques préexistantes, il montre comment ce mécanisme, contrairement à l'interprétation hâtive de Cébès, ne regarde pas seulement les objets d'une expérience passée, mais permet également de mettre en évidence un processus essentiel de l'activité de pensée, par le moyen duquel, une sensation présente ne donne pas seulement à connaître la chose sentie, mais permet, en outre, d'en concevoir une autre, différente.

L'essentiel tient dans la première formulation du *Phédon* qui met relation trois termes distincts : une sensation quelconque et deux connaissances ou conceptions mentales différentes. Comme on va le voir, c'est expressément sur cette relation à trois termes que repose l'édifice théorique du *De umbris idearum*.

La dualité de l'image dans le *De memoria* d'Aristote

On a parfois tendance à assimiler le souvenir à l'image qui le porte. Cette conception fait l'économie d'un aspect essentiel de la mémoire relevé aussi bien par Platon que par Aristote. Elle passe sous silence le jugement ou la négation qui permet de qualifier le souvenir proprement dit comme la représentation d'une chose en tant qu'elle est absente [1], et de le distinguer de la sensation ou de la simple reviviscence fondée sur la conservation des impressions sensorielles, comme dans le cas de l'hallucination ou du rêve. C'est en ces termes qu'Aristote aborde expressément le problème du souvenir dans le *De memoria*.

Aristote formule ainsi le problème de la réminiscence :

> On pourrait d'autre part se demander comment parfois la modification (*pathos, passio*) étant présente et l'objet étant absent, on se rappelle ce qui n'est pas présent (*Dubitabit autem utique aliquis, quomodo passione quidem praesente, re vero absente, meminit quod non praesens*) [2].

La question va occuper une place importante dans la suite du *De memoria* (mais également dans le traité sur les rêves) : elle regarde le jugement qui associe l'affection actuelle à la représentation de la chose absente en tant qu'absente. Appréhender une représentation comme un souvenir suppose non

1. La définition de la mémoire, aussi bien chez Aristote que chez Platon, ne renvoie pas à la seule mémoire du passé, mais plus généralement à la représentation actuelle d'une chose absente. À cet égard, le souvenir ne tient pas à la seule actualisation des images conservées dans l'âme, mais suppose un jugement ou une négation. Le début du *De memoria*, dans lequel Aristote rapporte le souvenir au passé, ne doit donc pas être pris comme une définition (à quoi on le réduit souvent), mais comme une proposition problématique.

2. *De memoria*, 450a25-27 ; *Arist. op.*, VI, f. 18E.

seulement une forme de reviviscence (onirique ou hallucinatoire) fondée sur les traces ou les restes perceptifs, mais également une réflexion ou un jugement qui rapporte la modification actuelle de l'âme à la chose absente. Il s'agit bien, comme chez Platon, « saisissant une chose par une sensation quelconque », d'en concevoir également une autre, différente.

La mémoire suppose la persistance des traces perceptives, sans toutefois s'y réduire : si ces traces (ou « impressions », *passiones animae*) sont dans l'âme « comme une espèce de peinture (*velut picturam quandam*) dont la possession, disons-nous, constitue la mémoire », la sensation produit dans l'esprit un effet comparable à la marque d'un sceau : « En effet, le mouvement produit [dans l'esprit] comme une certaine empreinte de sensation, à la manière de ceux qui cachètent avec un anneau »[1]. Aristote reprend ici une comparaison qu'il emprunte au *Théétète* (191c-e), où les traces mnésiques sont comparées aux empreintes des sceaux sur la cire.

Après avoir évoqué les différentes conditions du sujet qui reçoit ces empreintes, mais aussi le risque d'effacement lié au temps, Aristote reformule ainsi la question :

> Et s'il y a en nous quelque chose de semblable à une empreinte ou une peinture, pourquoi la sensation de cette chose même serait-elle le souvenir d'une autre chose, et non pas de cette chose même ? En effet, celui qui fait acte de mémoire contemple cette impression et la perçoit. Comment donc se rappelle-t-il un objet qui n'est pas présent ? Ce serait en effet et voir et entendre ce qui n'est pas présent[2].

Encore une fois, le souvenir ne se limite pas à la perception actuelle de ces traces ou empreintes, sans quoi rien ne le distinguerait d'une hallucination. Il suppose ce moment de reviviscence en vertu duquel est perçue ou sentie une même « impression » (*pathos* : « affection » ou « passion » de l'âme), mais ne s'y réduit pas. Le souvenir a pour objet, non les traces mnésiques elles-mêmes, actuellement perçues ou appréhendées, mais « quelque chose d'autre » : en plus de la sensation actuelle de la trace ou de l'empreinte, il suppose la conception de la chose remémorée, en tant qu'elle est absente. Comme chez Platon, la réminiscence n'est pas fondée sur l'identité perceptive, mais repose sur la représentation d'une dissemblance ou d'un écart.

Pour le montrer, Aristote reprend l'exemple du *Phédon* et compare l'image ou la représentation (*phantasma*) en nous à une figure peinte sur un tableau, un « animal peint » :

1. *De memoria*, 450a30-32 : « Factus enim motus imprimit velut figuram quandam sensibilis, velut sigillantes annulis » (*Arist. op.*, f. 18F).

2. *De memoria*, 450b15-18 : « Et, si est simile sicut figura aut pictura in nobis huius ipsius sensus, propter quid utique erit memoria alterius, sed non huius ipsius ? Agens enim memoria speculatur hanc passionem, et sentit hanc. Quomodo igitur non praesens meminit ? erit utique videre non praesens, et audire » (f. 18H).

> Ainsi l'animal peint sur un tableau est à la fois un animal et une copie (*eikôn, imago*), et, tout en étant un et le même, il est les deux à la fois, bien que celles-ci ne soient pas identiques, et l'on peut considérer cet animal [peint] à la fois en tant qu'animal et en tant que copie; de même il faut supposer que l'image (*phantasma*) en nous à la fois comme quelque chose qui existe par soi et comme l'image de quelque chose d'autre. Par conséquent, en tant qu'on la considère en elle-même, elle est une représentation ou une image; mais si c'est en tant qu'elle se rapporte à autre chose, elle est considérée comme une copie et un souvenir [1].

Le passage est en lui-même simple, à condition de garder à l'esprit qu'il vise à distinguer non pas un « état mental » de son « contenu intentionnel » (ou encore la « réalité formelle » de l'idée de sa « réalité objective »), mais plutôt à interroger la forme de négation qui permet d'appréhender une impression actuelle comme un souvenir, c'est-à-dire comme la représentation d'une chose absente. Ainsi, la vue du tableau, de « l'animal peint », peut être conçue « en tant qu'animal », c'est-à-dire par son contenu intentionnel, comme une représentation actuelle (*phantasma*), donnant lieu à un jugement tel que : « ceci est un animal ». Toutefois le même « animal peint », appréhendé cette fois comme tableau, peut également ou simultanément être appréhendé comme une copie (*eikôn*) d'autre chose, donnant lieu cette fois au jugement négatif : « ceci n'est pas un animal », mais le portrait ou la peinture d'une chose absente.

Il en va de même, poursuit Aristote, de « l'image (*phantasma*) en nous » qui peut être appréhendée à la fois « en elle-même », comme une représentation actuelle ou comme « quelque chose qui existe par soi », et comme la représentation d'autre chose, comme copie ou comme souvenir. Loin donc de distinguer ici entre « l'état mental » et son « contenu intentionnel », Aristote soutient que le même état mental peut être appréhendé ou interprété de deux manières différentes : *à la fois* et *simultanément* comme image et comme copie ou souvenir d'autre chose. La question porte donc non sur le contenu intentionnel de l'image, mais sur le jugement de réalité et sur la forme de négation qui permet de rendre compte du fait qu'une impression actuelle peut-être regardée comme la représentation d'une chose absente. Ainsi la représentation est elle-même *à la fois une et double* : à la manière d'une peinture qui, « tout en étant une seule et même chose », est *à la fois* animal et copie se rapportant à autre chose.

Aristote distingue ainsi deux passions ou affections (« impressions ») de l'âme, selon que la représentation ou « l'image en nous » (*phantasma*) est appréhendée comme animal ou comme copie. Ce n'est que dans un second temps que l'image pourra être appréhendée « en elle-même », en tant qu'image.

1. *De memoria*, 450b23-27 : « Ut enim in tabula pictum animal, et animal est et imago, et idem et unum ipsum est ambo, esse tamen non idem amborum, et est considerare et ut animal et ut imaginem, sic et quod in nobis phantasma opportet suscipere, et ipsum aliquid secundum se esse, et alterius phantasma, inquantum quidem secundum seipsum, speculamentum aut phantasma est, inquantum vero alterius, ut imago et memoriale » (f. 18I)

Avec un sens de la psychologie sûr, Aristote subordonne la possibilité de concevoir le *phantasma* en tant que réalité mentale (*pathos*) à la *négation* ou au jugement de réalité qui permet de l'appréhender comme copie d'autre chose, comme souvenir ou représentation d'une chose absente. En d'autres termes, c'est parce que l'animal peint n'est pas un animal, qu'il peut être appréhendé comme portrait ou peinture [1]. De même, c'est seulement dans la mesure où l'image mentale peut être appréhendée comme la copie d'autre chose, qu'elle est susceptible d'être conçue non comme une sensation actuelle, mais comme une représentation ou un *phantasma*, c'est-à-dire comme une « simple pensée ». Ce qui signifie que l'appréhension d'un état mental en tant que tel est une abstraction qui repose sur une réflexion ou une négation, c'est-à-dire sur un doute relativement à l'actualité et la réalité :

> Par suite aussi, quand son mouvement [celui de l'image ou *phantasma*] s'actualise, si c'est en tant qu'elle existe en elle-même, l'âme la perçoit ainsi elle-même ; en d'autres termes, quelque pensée (*noèma, intellectus*) ou image (*phantasma*) semble se présenter ; mais si c'est en tant qu'elle se rapporte à autre chose, l'âme la considère comme une copie ainsi que dans un tableau, et sans avoir vu Coriscos, elle le considère comme la copie de Coriscos. Ainsi l'impression (*pathos*) produite par cette contemplation varie : quand l'âme considère l'objet comme un animal figuré, l'impression (*pathos, passio*) existe en elle comme une pensée seulement, quand elle le considère comme une copie, c'est un souvenir [2].

Aristote poursuit en mentionnant expressément ce doute relatif à la réalité :

> C'est du reste pour cette raison que, parfois, nous ne savons pas, lorsque de tels mouvements dérivés d'une sensation antérieure, s'ils arrivent en vertu de la sensation <passée> et nous nous demandons s'il s'agit de souvenirs ou non. Quelquefois, il arrive qu'à la réflexion nous nous remémorions que nous avons entendu ou vu quelque chose précédemment. Cela se produit lorsque, regardant l'objet lui-même, on se met à le regarder comme se rapportant à un autre [3].

Le doute provient du caractère hallucinatoire du *phantasma* qui dérive de la persistance des mouvements provoqués par une sensation antérieure : il arrive ainsi qu'on ignore si une représentation est une sensation actuelle ou une simple reviviscence et par conséquent un souvenir. Seule la réflexion

1. Cette négation est au cœur du traité *Sur le rêve*, mais aussi conditionne le plaisir relevé dans la *Poétique* associé à la *mimèsis*. J'y reviendrai ailleurs.

2. *De memoria*, 450b27-451a2 : « Quare et cum agit motus ipsius, si quidem inquantum secundum se est, sic sentit anima ipsum, ut intellectum aliquod aut phantasma videt adesse. Si autem inquantum alterius, et sicut pictura, ut imaginem speculatur, et qui non vidit Coriscum ut Coriscum, hic alia passio huius speculationis, et quando sicut animal pictum considerat in anima. Hoc quidem fit sicut intellectum solum, hoc autem ut ibi quia imago, memorial » (f. 18I-K).

3. *De memoria*, 451a2-9 : « Et ob hoc aliquando nescimus, factis nobis in anima huiusmodi motibus ab eo, quod prius sensimus, si secundum sensationem accidit : et si est memoria, an non, dubitamus quandoque. Aliquando autem accidit intelligere, et reminisci quod aliquid audivimus prius, aut vidimus. Hoc autem contingit, cum speculans tanquam ipsum, permutatur et considerat tanquam alterius » (18K-L).

permet alors de distinguer entre les deux [1]. Le traité sur le rêve sera l'occasion de revenir sur cette forme de réflexivité nécessaire au souvenir, tout comme sur le problème plus général posé par le jugement en charge d'interpréter la représentation comme copie d'autre chose, autrement dit comme une image ou une affection actuelle de l'âme renvoyant à une réalité absente.

À bien des égards, on peut regarder ces lignes comme une paraphrase du *Phédon*. Le souvenir ou la réminiscence repose bien sur un jugement relatif à une dissemblance. C'est sur cet écart que repose la conception mnésique de l'image sur laquelle repose le travail de symbolisation qui caractérise l'activité de pensée. Malgré sa critique de la prétendue théorie platonicienne de la réminiscence, Aristote ne soutient pas quelque chose de très différent lorsqu'il définit l'intellection comme une spéculation ou une réflexion sur les images (*phantasmata*). Ainsi, au début du traité, Aristote rappelait la proposition avancée dans le traité *De l'âme*, selon laquelle « il n'est pas possible de penser sans image » [2]. L'idée est illustrée alors par une analogie : « En effet, quand on pense, se produit le même phénomène (*pathos*) que lorsqu'on trace une figure (*diagraphein*) » [3]. Ainsi le géomètre, « même s'il ne pense aucune grandeur <déterminée>, il visualise une grandeur, mais ne la pense pas comme grandeur » [4]. En ce sens, le propre de la pensée n'est pas de poser son objet dans le continu et le temps (et de le « mettre sous les yeux »), mais bien de penser son objet indépendamment du temps et du continu. Comme dans le cas de l'animal peint, le procédé revient à appréhender le signe graphique ou la figure, non comme une image (*phantasma*), mais comme la copie (*eikôn*) d'autre chose.

La thèse peut être regardée comme identique à celle de Platon dans le *Phédon* qui corrige, en l'effaçant, l'arrière-plan mythique par lequel Socrate avait introduit, dans le *Ménon*, la théorie de la réminiscence. Elle revient à soutenir que le processus en vertu duquel nous pensons des réalités mathématiques est identique à celui qui a lieu dans le souvenir en vertu duquel on peut appréhender la figure comme image, mais également comme copie d'autre chose.

1. Le changement de perspective dont fait mention ici Aristote s'apparente en partie à une forme d'*insight* très courant par lequel on découvre qu'une représentation ou un état affectif se rapporte d'abord au passé et non pas (exclusivement) à la situation actuelle.

2. *De memoria*, 449b31-450a1.

3. *Ibid.*, 450a1-2 : « accidit enim eadem passio in intelligendo, quae quidem et in describendo » (f. 18A).

4. *De memoria*, 450a4-5 : « etsi non intelligit quantum, ponit tamen ante oculos quantum, intelligit autem non secundum quantum » (f. 18A).

CHAPITRE III

OMBRE, COULEUR ET INTELLIGIBLE

On comprend l'importance de la mémoire pour la théorie de l'activité de penser et, en particulier, le rôle attribué au souvenir dans le travail de symbolisation et d'élaboration. Lorsqu'il rapporte la mémoire non seulement à la capacité de se rapporter aux choses du passé, mais en fait un principe central du fonctionnement mental, Bruno ne se réfère pas seulement à la prétendue théorie platonicienne de la réminiscence. Il se saisit d'une conception ancienne de l'image mnésique que l'on trouve aussi bien chez Aristote que chez Platon. C'est bien à cette conception qu'il fait référence lorsqu'il rapporte la formule d'Aristote à une tradition plus ancienne que seulement « peu de Modernes » ont comprise :

> Notre intellect ne se voit pas lui-même ni toutes les choses qui sont en lui, sinon en apparence, en simulacre, en image, en figure et en signe. C'est ce qu'a dit Aristote, rapportant des propos exprimés avant lui par les Anciens, et que n'ont compris que peu de Modernes : *notre intellection* – c'est-à-dire les opérations de notre intellect – *ou bien est imagination, ou bien n'a pas lieu sans imagination* ; ou encore : *nous n'intelligeons pas, sinon par réflexion sur les images.* Ce qui signifie que nous ne comprenons pas dans la simplicité, le repos et l'unité, mais dans la composition, la comparaison, la pluralité des termes, au moyen du discours et de la réflexion [1].

Le propre de l'image mnésique à partir de laquelle Bruno comprend la formule, est bien comme on l'a vu, d'être appréhendée simultanément de deux manières distinctes : à la fois comme représentative de la réalité sensible, mais également comme copie ou signe d'autre chose. J'ai rappelé au début de cette introduction l'importance de la distinction entre la fonction mimétique de l'image et sa fonction mnémonique.

1. *De imaginum compositione*, *OLC*, II, 3, p. 91 ; *Op mn.* II, p. 486-488.

L'ambiguïté ou la dualité propre à l'image mnésique est au cœur de la notion d'ombre mobilisée dans le *De umbris idearum*. L'ombre sert bien à figurer la forme « postérieure à la chose » (*post rem*), telle qu'elle est appréhendée par l'esprit, et se distingue aussi bien de la forme située « dans la chose » (*in re*) que de l'idée ou forme « antérieure à la chose » (*ante rem*). Pourtant cette situation dérivée n'en place pas moins l'ombre dans une situation intermédiaire entre les deux genres de forme. L'ombre n'est en effet pas seulement une image du corps opaque, mais elle est aussi une altération ou un mode de la lumière :

> L'ombre n'est pas les ténèbres, mais elle est la trace des ténèbres dans la lumière, ou la trace de la lumière dans les ténèbres, ou encore participe de la lumière et des ténèbres, est composée de la lumière et des ténèbres, est un mélange de lumière et de ténèbres, n'est ni lumière ni ténèbres, et distincte des deux. Et cela, soit parce qu'elle n'est pas la pleine lumière de la vérité, qu'elle est une fausse lumière, soit parce qu'elle n'est ni vraie ni fausse, mais trace de ce qui est ou bien vraiment ou bien faussement… etc. Nous regarderons, pour notre présent propos, l'ombre comme trace de la lumière, en tant qu'elle participe de la lumière, non pas comme une pleine lumière (Intention II).

L'ombre n'est ni lumière ni ténèbres ; elle participe de l'une et de l'autre ; elle a pour sujet à la fois l'une et l'autre ; elle est un composé ou bien un mélange de l'une et de l'autre, sans être ni l'une ni l'autre, et en se distinguant de chacune d'elles. On a ici un assez bon exemple de cette pensée dialectique typique de l'art d'écrire de Bruno : l'analogie de la lumière ne sert pas à illustrer une thèse doctrinale particulière, mais ouvre un champ de pensées largement indéterminées. Elle propose donc plutôt un *inventaire ordonné* de doctrines possibles, en fonction des manières possibles d'appréhender la nature mixte et ambiguë de l'ombre, c'est-à-dire des espèces mentales aussi bien que de l'âme elle-même.

Dans ce contexte, l'ombre ne désigne pas une forme dégradée de l'image, caractérisée par l'obscurité ou la confusion, mais, de manière générique, le visible qui altère le milieu diaphane, c'est-à-dire la couleur. Bruno consacre ainsi les Intentions à cette théorie des ombres physiques, c'est-à-dire aux espèces visibles. Les Concepts esquissent, quant à eux, les grandes lignes d'une théorie de l'intellect, fondée sur l'analogie traditionnelle qui compare les espèces intelligibles aux sensibles et l'action de la lumière sensible à celle de l'intellect agent. La thèse pourrait être exprimée par cette formule du *Sigillus sigillorum* (II, 8) : « La couleur n'est pas visible, sinon par la lumière ; la couleur, en effet, ne paraît être rien d'autre qu'une affection de la lumière : pareillement, les images ne sont intelligibles que sous la lumière de la raison ». L'analogie est en elle-même assez convenue : elle repose en partie sur la *République* de Platon et sur le livre III du *De anima* ; elle trouve ainsi de nombreux développements dans la pensée médiévale. Elle est évidemment au cœur de la philosophie de Ficin qui lui consacre plusieurs traités. Plutôt que d'expliciter ces nombreuses sources, je proposerai ici rapporter rapidement la doctrine des

ombres à la théorie de la sensation et de la vision d'Aristote, ainsi qu'à la définition de l'intellect agent.

OMBRES PHYSIQUES ET SENSATION

La conception des ombres physiques dans le *De umbris idearum* renvoie de manière assez directe à la théorie aristotélicienne de la vision. L'ombre est la qualité première du visible, autrement dit la couleur. La conception des « ombres idéales » découle ainsi de l'analogie que propose Aristote dans le livre III du *De anima* entre le processus de la vision et celui de l'intellection. Dans les deux cas, le propos articule bien trois termes ou trois états de la forme aussi bien sensible qu'intellectuelle.

1) La sensation est définie par Aristote dans le *De anima* comme une passion ou une « sorte d'altération » : par l'action d'un agent, le « sensible en acte », en vertu duquel la puissance sensitive devient semblable au sensible. La sensation repose ainsi sur un processus d'assimilation qui suppose un intermédiaire au moyen duquel la qualité sensible est transformée de façon à être rendue conforme à la faculté sensible : l'altération qui définit la sensation suppose que « la faculté sensitive soit en puissance telle que le sensible est déjà en acte » [1]. La nécessité d'une telle transformation repose sur le fait, relevé par Averroès, que la faculté sensible est

> ce qui a pour disposition innée d'être parfait [ou actualisé] au moyen des intentions des choses sensibles, non par les choses sensibles elles-mêmes (*illud quod innatum est perfici per intentiones rerum sensibilium, ne per ipsas res sensibiles*) [2].

La sensation suppose donc une première forme d'abstraction qui extrait l'intention sensible capable d'actualiser la faculté sensible en puissance. Ce processus est assuré par la médiation du milieu qui sert d'intermédiaire entre la chose sensible et la faculté.

Dans le cas de la vision, le sensible n'est pas le corps opaque en tant que tel, mais la qualité sensible, le visible, c'est-à-dire, dans le cas général, la couleur définie comme ce qui est « à la surface du visible par soi », c'est-à-dire, précise Aristote, « de ce qui contient en lui-même la cause de la visibilité ». La couleur, en tant que qualité sensible, a pour propriété de « mettre en mouvement le diaphane en acte, et ce pouvoir constitue sa nature ». Or le diaphane ou milieu

1. *De anima*, II, 5, 418a3-4.

2. Averroès, *In De anima*, II, c. 62, p. 223. Je suis le texte de l'édition Crawford, *Commentarium magnum in Aristotetelis de anima libros*, éd. F. S. Crawford, Cambridge, The Medieval Academy of America, 1953 et, pour le Grand commentaire du Livre III, la trad. fr. A. de Libera, *L'intelligence et la pensée. Grand commentaire sur le* De anima (*livre III*), Paris, GF-Flammarion, 1998. J'indique parfois, en outre, le numéro du texte commenté (t) ou du commentaire (c).

transparent est dit « en acte » lorsqu'il est éclairé ou actualisé par la lumière : « C'est pourquoi la couleur n'est pas visible sans le secours de la lumière, et c'est seulement dans la lumière que la couleur de tout objet est perçue »[1]. La vision proprement dite a donc lieu par l'intermédiaire du diaphane en acte, non par le contact direct : « si on place l'objet coloré sur l'organe même de la vue, on ne le verra pas ; en fait, la couleur meut le diaphane, par exemple l'air, et celui-ci qui est continu, meut à son tour l'organe sensoriel »[2]. Le diaphane reçoit donc l'activité en provenance de la couleur et transforme l'organe sensoriel en transmettant cette même activité.

La vision suppose donc non seulement la qualité visible de l'objet et la faculté sensitive, mais également l'intermédiaire d'un milieu, le diaphane, et de la lumière dont le rôle est d'actualiser le milieu. Le statut de la couleur est par là ambigu : elle est d'abord définie comme une qualité du visible « par soi », c'est-à-dire une qualité du corps opaque, mais doit également être en mesure d'affecter, d'altérer ou de mouvoir le milieu diaphane. C'est pourquoi Aristote écrit qu'elle est « à la surface du visible par soi », « à la limite du diaphane » ou encore qu'elle pourrait être « la limite du diaphane dans un corps déterminé »[3]. La vision proprement dite se produit lorsque l'œil, lui-même de même nature que le diaphane, est affecté à son tour par la couleur : elle est une forme de conjonction avec le milieu transparent, actualisé par la lumière, au moyen duquel sont perçues les couleurs, c'est-à-dire les ombres et les images des objets opaques.

Si on rapporte les ombres physiques aux couleurs de la théorie aristotélicienne de la vision, le statut ambigu que Bruno leur assigne dans le *De umbris idearum* apparaît plus clairement. L'ombre, la couleur ou l'image formée dans le milieu diaphane est bien une altération qui procède du corps opaque : à ce titre elle est bien une forme dérivée, « postérieure à la chose », qui participe des ténèbres ou de l'opacité de la matière. En tant qu'elle est une qualité du milieu, elle est également une modification immanente de la lumière qui actualise le diaphane : à ce titre, elle en participe également[4].

1. *De anima*, II, 7, 418a31-418b3. Texte latin du *Grand commentaire* d'Averroès (t. 67) : « Et omnis color est movens diaffonum in actu ; et hoc est natura eius. Et ideo non est visibilis absque luce, sed necessario unusquisque colorum non est visibilis nisi in luce ».

2. *De anima*, II, 7, 419a11-15. Le même exemple sert, dans le *Sigillus sigillorum*, à mettre en avant l'assimilation de l'âme au diaphane : « le fait que nous ne discernions pas la chose appliquée sur la pupille, mais que nous puissions discerner celle qui en est éloignée, il faut le rapporter à l'âme, et d'autant plus que nous la savons éloignée des limites de la matière » (*Sigillus sigillorum*, I, 28).

3. *De sensu*, 439b10-12.

4. Le lexique de la participation renvoie à la notion de *principe* discutée dans le *De la causa* : le principe est sujet d'une multiplicité, comme la lumière, une en sa source, est principe de la multiplicité des couleurs. Ainsi, participer, c'est être partie d'un tout.

2) Les historiens de l'art, à la suite d'Erwin Panofsky, insistent régulièrement sur l'invention de la perspective linéaire : sur les principes et les règles qui organisent durablement la représentation en l'insérant dans un espace géométrique, unifié et systématisé. La perspective rapporte l'image à la relation entre un sujet de la vision et son objet, non tel qu'il est, mais tel qu'il apparaît à l'organe de la perception. C'est ainsi, généralement, que l'on entend la célèbre formule d'Alberti qui définit la peinture comme « une fenêtre ouverte par laquelle on puisse regarder l'histoire » (*aperta finestra ex qua historia contueatur*)[1]. Sans entrer dans les considérations auxquelles cette invention a pu donner lieu, on doit remarquer que la perspective n'épuise pas la théorie de la peinture, puisqu'elle ne traite qu'accessoirement des couleurs et des ombres, c'est-à-dire des propriétés physiques qui définissent le visible. En un sens, l'optique qui permet la conception géométrique de l'espace de la représentation, repose sur l'abstraction qui caractérise en général les objets mathématiques, en s'affranchissant de la considération physique de la vision, fondée, elle, sur la couleur et l'ombre. On finit ainsi par oublier le caractère paradoxal de la conception cartésienne qui relègue la couleur au rang de « qualité seconde »[2].

La théorie physique des ombres est pourtant au cœur de la pratique des peintres. On en trouve une illustration dans les écrits de Léonard de Vinci. Parfois rapportées à une forme d'épicurisme, les observations de Léonard s'inscrivent pourtant dans le cadre tout à fait classique de la théorie aristotélicienne de la vision qui fait de la couleur une altération du milieu diaphane. On y retrouve une conception décentrée de la représentation ou de l'image assez analogue à celle que mobilise Bruno dans son *De umbris idearum*. Ainsi lorsqu'il écrit : « Tout corps opaque remplit l'air environnant d'une infinité d'images qui le représentent partout tout entier en chaque point grâce à d'innombrables pyramides répandues dans l'air »[3]. La pyramide visuelle, au cœur de la perspective linéaire, est intégrée ici à la définition de la couleur comme mouvement imprimé au milieu transparent. Si la vision se produit par conjonction de l'œil en un point quelconque du diaphane, cela signifie que l'image sensible du corps opaque est formée en chaque partie du milieu :

> Je dis que la vue s'exerce chez tous les animaux par l'intermédiaire de la lumière [...]. Car on le comprend aisément, les sens qui reçoivent les images des objets ne diffusent point par eux-mêmes une puissance effective ; au contraire, l'air interposé entre l'objet et le sens, servant d'intermédiaire, incorpore en soi l'image des choses et, par son contact avec le sens, les lui présente quand les

1. L. B. Alberti, *De pictura*, I, 19 ; trad. fr. *De la peinture*, *op. cit.*

2. La priorité faite à la perspective a encore une série de conséquences sur la conception de l'image, mais également sur la définition même du sujet de la représentation, dont le principal effet est quelquefois de rendre rétrospectivement inintelligibles les enjeux relatifs à la mémoire.

3. Léonard de Vinci, *Traité de la peinture*, trad. fr. A. Chastel, Paris, Berger-Levault, 1987, p. 170.

objets se projettent – soit par le son, soit par l'odeur – jusqu'à l'œil ou au nez, par la vertu de leur puissance immatérielle [1].

Le visible n'est pas organisé par le regard, comme il peut l'être dans la perspective linéaire. Il est constitué en amont, dans le diaphane, par l'action conjuguée du corps opaque, visible en puissance, et de la lumière qui actualise le milieu transparent. D'où la comparaison du diaphane avec un miroir sur lequel se forment les images ou les couleurs et qui, en les réfléchissant, les prépare à la vision oculaire :

Tous les objets ont leurs images et ressemblances projetées et mêlées ensemble à travers l'étendue entière de l'atmosphère environnante. L'image de chaque point de leur surface matérielle existe dans chaque point de l'atmosphère, et toutes les images des objets sont dans tous les points de cette atmosphère. L'ensemble et la partie de l'apparence de l'atmosphère sont contenus en chaque partie de la surface des objets placés en face d'elle. Voilà pourquoi les objets se trouvent, partie et tout, dans le tout et dans chaque partie de l'atmosphère qui est en face d'eux ; et la substance atmosphérique est reflétée dans le tout et dans chaque partie de leur surface. Il est donc évident que la ressemblance de chaque objet, soit dans son ensemble, soit en une de ses parties, se trouve de façon interchangeable en chaque partie et dans l'ensemble des objets placés en face d'elle, comme on le voit avec un jeu de miroirs qui se font vis-à-vis [2].

À l'espace centré qui organise la perspective géométrique, se substitue une spatialité décentrée dans laquelle tout point est un centre, dans laquelle l'image, formée dans le tout comme en chacune de ses parties, présente en tout point du continu, est multipliée à l'infini. Ainsi,

l'image du soleil est tout entière dans toute l'eau qui la voit et tout entière en chacune de ses moindres parties. On le prouve par le fait qu'il y a autant d'images du soleil que de positions d'yeux qui voient l'eau entre eux et le soleil [3].

Dans le *De umbris idearum*, Bruno tient un propos similaire, notamment lorsqu'il expose ainsi les paradoxes auxquels conduit la tentation de faire de l'ombre un accident du corps qui la projette aussi bien qu'un accident du sujet sur laquelle elle est projetée :

Si tu définis l'ombre comme un accident du corps dont elle est la projection, tu en feras l'accident d'un sujet dont elle se sépare et auquel elle retourne, soit selon la même espèce, soit selon le nombre. Si tu veux qu'elle soit l'accident du sujet sur lequel elle se projette, tu en feras alors l'accident séparable d'un sujet un : identique en nombre, elle parcourra des sujets divers, comme lorsque le mouvement de la lumière ou du cheval fait que l'ombre équine qui était projetée sur la pierre se projette désormais sur le bois. Ceci est contraire à la raison

1. Léonard de Vinci, *Carnets*, éd. E. Maccurdy, trad. fr. L. Servicien, Paris, Gallimard, 1942, I, p. 242.
2. *Ibid.*, p. 369.
3. *Ibid.*, p. 289.

physique de l'accident, à moins que tu ne te transportes en Scylla en niant que l'ombre soit un accident (Intention XXII).

La thèse est bien que le sujet de l'ombre ou de la couleur est le milieu diaphane actualisé par la lumière.

3) La peinture, irréductible au dessin, est un art de la couleur. C'est ainsi que Léonard subordonne la perspective linéaire à une théorie des ombres ou du clair-obscur. Et une théorie de la représentation fondée sur la dualité sujet-objet, à une conception physique selon laquelle le visible se constitue d'abord dans le milieu dont chaque partie et chaque point peuvent être considérés comme un centre, un miroir ou un point de vue virtuel. Ses formules peuvent être entendues comme une libre adaptation de la théorie aristotélicienne selon laquelle la vision proprement dite est l'effet de la *conjonction* de l'humeur aqueuse de l'œil avec le diaphane en acte. Léonard en conclut que « l'atmosphère, en son tout et en chacune de ses parties, est pleine des images de corps qu'elle contient »[1] et que le diaphane actualisé par la lumière et mû par la couleur, reçoit en lui-même les images des corps opaques. Rapportée à la vision, l'ombre ou l'image est double : elle se rapporte aussi bien aux corps opaques qui meuvent ou altèrent le milieu diaphane dans lequel elle est reçue, qu'à la lumière elle-même dont elle est un mode immanent ou une affection et qui, en actualisant ou en illuminant le diaphane, abstrait ou sépare la couleur des corps opaques. On retrouve également, dans cette conception de l'image, la tripartition de la forme qui peut être « dans la chose » (comme la couleur des corps opaques), « antérieure à la chose » (comme la lumière qui actualise le diaphane) ou « postérieure à la chose » (comme l'ombre ou la couleur qui est reçue dans le milieu).

LES OMBRES DE L'INTELLIGIBLE

La notion physique d'ombre renvoie à la théorie de la vision. Elle organise également une conception de l'image mnémonique qui ne renvoie pas seulement à la représentation mimétique, mais aussi au processus du souvenir, selon lequel voyant une chose on en conçoit une autre. Le développement sur l'ombre ou la couleur auquel sont consacrées les Intentions du *De umbris idearum* vise à organiser la problématique des ombres idéales, c'est-à-dire des espèces intellectuelles, selon une analogie traditionnelle. Si Bruno fait allusion plus explicitement à ses sources néoplatoniciennes, à Plotin tout particulièrement et aux commentaires de Ficin à la traduction des *Ennéades*, il s'appuie également sur l'analogie qui organise le livre III du *De anima* entre

1. *Ibid.*, p. 243.

l'intellection et la vision, et notamment sur l'analogie entre l'intellect agent et la lumière.

1) L'analogie sur laquelle repose le *De umbris idearum*, est ainsi exposée, de manière assez dense et elliptique, dans le *Sigillus sigillorum* (II, 8) :

> La couleur se présente comme une qualité postérieure à la lumière ; on croit qu'elle en diffère en ce qu'elle est une qualité visible étendue relativement à la surface, tandis que la lumière n'admet aucune extension, mais se diffuse partout à partir d'un point du temps. La couleur n'est pas visible, sinon par la lumière ; la couleur, en effet, ne paraît être rien d'autre qu'une affection de la lumière : pareillement, les images ne sont intelligibles que sous la lumière de la raison, et c'est pour cela qu'elles sont d'autant plus intelligibles qu'elles sont proches de la raison, de même que les couleurs sont d'autant plus visibles qu'elles sont proches de la lumière ; et, pareillement, la lumière s'impose par elle-même à la vision, de même l'espèce rationnelle à l'intellect, la couleur à l'œil et les images à la raison. Aussi la lumière est-elle la forme universelle de tout visible et de toute couleur. La lumière se diffuse également en toutes couleurs et séjourne en diverses couleurs, selon qu'elle est reçue par des sujets variés ; et, de même que la lumière est, relativement à toutes les couleurs, dans un rapport tel que les couleurs sont une même lumière diversement participée selon les diversités de la matière, de même la première lumière est, relativement à toutes les lumières sensibles, dans un rapport tel que ces lumières diverses sont une même lumière diversement participée.

La lumière n'est pas une réalité séparée ou distincte essentiellement des couleurs ou des ombres. Elle est la « forme universelle » du visible, une et identique en soi, dans sa source, mais « diversement participée » en fonction des sujets qui la reçoivent et en multiplient la raison. Ainsi entendue la lumière comme forme n'est pas seulement cause efficiente, mais principe.

Dans la *Lampas*, Bruno expose ainsi le rapport qui existe entre la forme indivisible en soi, et la pluralité des sujets qui en participent. La comparaison qu'il utilise rencontre les observations de Léonard citées plus haut :

> De même que, s'il n'y avait un seul soleil et un seul miroir continu, il serait possible de contempler en celui-ci tout entier un seul soleil ; s'il arrivait que ce miroir fût brisé et multiplié en d'innombrables parties, dans toutes ces parties nous verrions qu'est représentée tout entière et intègre l'image du soleil, mais, en certains fragments, soit en raison de l'exiguïté, soit en raison de l'irrégularité de la figuration, de cette forme universelle, il n'apparaîtrait que quelque chose de confus, ou presque rien, alors que, toutefois, elle n'y résiderait pas moins, encore enveloppée cependant [1].

La fonction du milieu ou du diaphane dans le cas de la vision est analogue à celle du miroir qui réfléchit la lumière. Il en va de même du son présent tout entier dans toutes parties de l'air :

1. *Lampas trig. stat.*, *OLC*, III, p. 59 ; *Op. mag.*, p. 1056.

> Perçois l'indivisible de telle sorte qu'il soit aussi identique à l'univers ; en effet, il est l'univers formel, essentiel, et principe intérieur partout effectif : de même que si une seule voix indivisible entendue tout entière partout dans l'univers, ne perd point pour cela son indivisibilité, mais plutôt la confirme et l'atteste, ainsi est-il également permis de penser que la même image visible à des yeux innombrables, en vertu de la multiplication des sujets de la vision, soit en tout informativement, mais demeure en elle-même formellement indivise et unique. Aussi, la même image est dans tous les yeux et partout (si les yeux sont partout), de façon telle cependant qu'elle soit séparée de tous [1].

On retrouve encore dans le *De la causa* une analogie similaire, destinée à illustrer l'ubiquité et l'identité de la forme universelle, présente aussi bien dans le tout que dans la partie :

> Vous devez faire attention que, si l'on dit que l'âme du monde et la forme sont partout, on ne l'entend pas de façon corporelle ou dimensionnelle, car elles ne sont pas de cette nature et ne peuvent se trouver de cette façon-là dans aucune partie : c'est d'une façon spirituelle qu'elles sont tout entières partout ; pour prendre un exemple (si grossier soit-il), vous pourriez imaginer une voix qui est tout entière dans toute la pièce et dans chaque partie de celle-ci. : en effet, on l'entend tout entière et partout ; de même les paroles que je prononce sont-elles toutes entendues par tous les auditeurs présents, fussent-ils mille, et si ma voix pouvait se propager dans le monde entier, elle serait tout entière partout [2].

Le thème de la participation renvoie non pas à la notion de cause, mais à celle de principe, selon une différence explicitée dans le *De la causa, principio et uno*. Bruno oppose à la cause transitive, qui produit un effet distinct d'elle-même, le point de vue du principe dont l'essence une et invariable contracte ou comprend la pluralité et la variété. Ainsi la lumière une en soi et simple en sa source peut être appréhendée comme la cause transitive de la couleur qu'elle fait passer de la puissance à l'acte, mais elle peut aussi être regardée comme principe ou forme universelle dont la couleur est une affection, un mode ou une contraction :

> La lumière du soleil se rapporte à un principe virtuel un et identique, en tant qu'elle est comme en elle-même et absolument, en tant qu'elle est dans le milieu aérien ou dans l'éther, et dans le corps éclairé ; et ainsi elle cesse d'être dans le corps, si elle cesse d'être dans le milieu, et elle cesse d'être dans le milieu, si elle cesse d'être dans l'horizon de l'hémisphère [3].

L'exemple de la lumière une et identique dans le tout aussi bien que dans chaque partie, illustre bien un thème métaphysique que l'on rencontre partout dans les œuvres de Bruno :

1. *Lampas trig. stat.*, *OLC*, III, p. 57-58 ; *Op. mag.*, p. 1052. La remarque est directement inspirée de Plotin qui remarque que le son est tout entier dans chaque partie du milieu (*Enn.*, VI, 4, 12).
2. *De la causa*, II, p. 151.
3. *Sigillus sigillorum*, I, 34.

> Vous soutenez de surcroît que, tout comme l'âme (pour reprendre aussi la façon commune de parler) est présente dans la totalité de cette grande masse à laquelle elle donne l'être tout en restant indivise de sorte qu'elle est identiquement présente tout entière dans le tout et dans n'importe quelle partie, de même l'essence de l'univers est une et dans l'infini et dans n'importe quelle chose prise comme membre de l'univers ; de sorte que, substantiellement, le tout et chacune de ses parties ne font qu'un. Selon vous, c'est donc à juste titre que Parménide a affirmé que l'univers est un, infini et immobile (quel que soit le sens de son affirmation, qui est incertain, étant consigné par un peu fidèle rapporteur) [1].

2) Le propos relatif aux ombres physiques prépare la considération des ombres idéales. Si pour les premières, Bruno s'appuie sur l'analyse aristotélicienne de la sensation, il suit pour traiter des espèces idéales ou intellectuelles les pages énigmatiques du livre III du *De anima* dans lesquelles Aristote compare le processus intellectif à celui de la vision.

De même que la vision suppose un milieu (le diaphane) qui reçoit la forme sensible (la couleur) et une puissance qui, en actualisant ou en illuminant le diaphane, abstrait ou sépare la couleur des corps opaques, de même l'intellection suppose un intellect matériel capable de recevoir les intelligibles et un principe actif qui fait passer de la puissance à l'acte cet intellect et d'abstraire les intelligibles en les séparant des formes ou intentions imaginatives. Ainsi, de même que la couleur, définie par Aristote, comme un « sensible par soi », se distingue du corps opaque, sensible en puissance, et suppose, pour sa production, une puissance qui reçoit (le diaphane) et une puissance qui abstrait (la lumière), de même la forme intelligible par soi se distingue de l'Intention imaginative qui n'est intelligible qu'en puissance. Comme dans le cas de la vision, l'accent est mis sur le statut du sujet intermédiaire (l'intellect matériel ou patient comparé au diaphane) qui définit, sous la plume de Bruno, l'âme intellective. J'ai montré ailleurs que cette définition de l'âme, couramment rapportée à la leçon du platonisme, pouvait être également regardée comme un élément central de l'averroïsme. Sans entrer ici dans des considérations historiographiques détaillées, je suggère que la manière dont le propos sur les ombres idéales se ressaisit de la construction du livre III du *De anima*, est solidaire du *Grand Commentaire* d'Averroès.

Dans le *De anima*, Aristote ouvre l'examen de la puissance intellectuelle par une analogie qui permet d'inférer les propriétés de puissance intellective de l'âme appelée quelques lignes plus loin intellect passif, possible ou matériel :

> Si donc l'intellection est analogue à la sensation, penser consistera ou bien à pâtir sous l'action de l'intelligible, ou bien dans quelque autre processus de ce genre. Il faut donc que cette partie de l'âme soit impassible, tout en étant susceptible de recevoir la forme ; qu'elle soit en puissance, telle que la forme,

1. *De la causa*, p. 284. Le doxographe critiqué ici est évidemment Aristote.

sans être pourtant cette forme elle-même, et que l'intellect se comporte par rapport aux intelligibles de la même façon que la faculté sensitive envers les sensibles [1].

La formule, *sicut sentiens apud sensibilia, sic intellectus apud intelligibilia*, assimile d'abord l'intellection à une réception d'un genre particulier, et l'intellect dit *matériel* à un sujet susceptible de recevoir une forme, sans en être modifié ou altéré. Ainsi la puissance intellective doit être « impassible, tout en étant susceptible de recevoir la forme », en devenant « telle que la forme, sans être pourtant cette forme elle-même » (*sicut illud, non illud*). Cette propriété de l'intellect renvoie expressément à la définition du milieu diaphane, lui-même impassible tout en recevant les couleurs, à la manière du miroir qui se colore sans que sa nature soit altérée. Elle s'appuie notamment sur la thèse selon laquelle « le réceptacle de la couleur doit être incolore » [2] ou, de façon plus générale : *omne recipiens debet esse denudatum a natura recepti* (« Tout ce qui reçoit, doit être dénué de la nature de ce qui est reçu ») [3]. L'argument, tel qu'il est invoqué par Averroès, vise à montrer que la substance qui reçoit les formes matérielles « n'a dans sa nature aucune d'entre les formes matérielles » :

> Par conséquent, puisque les formes matérielles sont soit des corps, soit des formes [existant] dans un corps, il est manifeste que la substance que l'on appelle « intellect matériel » n'est ni un corps, ni une forme [existant] dans un corps. <Cet intellect> est donc absolument sans mélange avec la matière [4].

Plus loin, Aristote poursuit l'analogie avec la définition de l'intellect agent :

> Mais puisque, dans la nature tout entière, on distingue d'abord quelque chose qui sert de matière à chaque genre [...], et ensuite une autre chose qui est la cause et l'agent parce qu'elle les produit tous, [...], il est nécessaire que, dans l'âme aussi, on trouve ces différences. Et, en fait, on y distingue, d'une part, l'intellect qui est analogue à la matière, par le fait qu'il devient tous les intelligibles, et, d'autre part, l'intellect <qui est analogue à la cause efficiente>, parce qu'il les produit tous, attendu qu'il est une sorte d'état (*hexis, habitus*) analogue à la lumière; car en un certain sens la lumière, elle aussi convertit les couleurs en puissance, en couleur en acte [5].

1. *De anima*, III, 4, 429a13-18 : « Dicamus igitur quod, si formare per intellectum est sicut sentire, aut patietur quoquo modo ab intellecto, aut aliud simile. Oportet igitur ut si non passivum, sed recipit formam, et est in potentia sicut illud, non illud. Et erit dispositio eius secundum similitudinem : sicut sentiens apud sensibilia, sic intellectus apud intelligibilia » (t. 2-3).

2. *De anima*, II, 7, 418b26.

3. *Auct. Arist.* Hamesse, p. 191, 55 : c. 4. Crawford, p. 385; De Libera, p. 55 : « quod omne recipiens aliquid necesse est ut sit denudatum a natura recepti, et ut sua substantia non sit substantia recepti in specie ».

4. c. 4 : Crawford, p. 385-386; De Libera, p. 56. Cf. *Auct. Arist.*, Hamesse, p. 192 : *Intellectus possibilis nihil habet in sui natura in formis naturalibus.*

5. *De anima*, III, 5, 430a10-17, t. 17-18 : « Et quia, quemadmodum in Natura, est aliquid in unoquoque genere quod est materia [...] et aliud quod est causa et agens [...], necesse est ut in

Le texte commenté par Averroès distingue non pas deux intellects, mais trois : 1) un intellect « qui devient tout », 2) un intellect « en tant qu'il lui permet de tout concevoir » et 3) un intellect « en tant qu'il conçoit tout, tel un habitus qui est comme la lumière ». Le texte introduit ainsi, en plus de l'intellect agent et de l'intellect patient ou matériel, un intellect produit qui évoque l'intellect *in habitu* d'Alexandre d'Aphrodise.

Comme le relève Averroès, le développement d'Aristote repose sur deux analogies : celle de l'art et celle de la vision. L'analogie de l'art est appelée par les notions d'agent (ou de cause efficiente) et de patient (tenant lieu de matière). Selon Averroès, elle ne doit pas être prise à la lettre :

> En effet, l'art impose une forme à toute la matière <à laquelle il s'applique> sans que rien, dans cette matière, existe de l'Intention de la forme avant que l'artisan ne l'ait produite. Il n'en va pas ainsi de l'intellect, car s'il en était ainsi dans l'intellect, l'homme n'aurait besoin ni des sens ni de l'imagination ; au contraire, les intelligibles parviendraient <directement> dans l'intellect agent à l'intellect matériel sans que l'intellect matériel ait besoin de tourner son regard vers (*aspicere*) les formes sensibles [1].

Dans le cas de l'art, tel qu'il est ici défini, l'agent produit la forme dans la matière à partir de lui-même. Dans la tradition médiévale, cette forme d'induction est distinguée de l'éduction par laquelle l'art doit rencontrer, dans la matière, une préparation ou une inchoation de la forme, en vertu de laquelle la forme sera non pas induite, mais bien tirée de la puissance à l'acte ou encore éduite de la matière. En d'autres termes, l'action de l'agent dépend des dispositions du sujet ou patient qui tient lieu de matière. Cette conception de l'art qui repose sur l'idée albertienne d'une *inchoatio formarum* est au cœur de la conception de la matière chez Bruno. Ainsi dans le *De vinculis* qui résume les thèses précédemment développées dans le *De la causa* :

> La matière elle-même possède en son sein l'ébauche de toutes les formes (*ut materia ipsa inchoationem habeat omnium formarum in sinu suo*), de sorte qu'elle en tire toutes choses et les produit (*ut ex eo omina promat et emittat*) ; et non pas au sens où il y aurait en elle cette pure privation (*puram illam exclusionem*) qui conçoit les choses du dehors, comme étrangères. Car il n'y a aucune forme hors du giron de la matière ; elles demeurent toutes latentes en elle, et en sont toutes éduites (*sed in eo tum omnes latent, et ex eo tum omnes educuntur*) [2].

anima existant hec differentie. Oportet igitur ut in ea sit intellectus qui est intellectus secundum quod efficitur omne, et intellectus qui est intellectus secundum quod facit ipsum intelligere omne, et intellectus secundum quod intelligit omne, quasi habitus, qui est quasi lux. Lux enim quoquo modo etiam facit colores qui sunt in potentia colores in actu » (Crawford, p. 436-437 ; De libera, p. 101 106).

1. Crawford, p. 438 ; de Libera, p. 107.

2. *De vinculis*, III, 14 ; *OLC*, III, p. 694 ; *Op. mag.*, p. 516 ; trad. fr. D. Sonnier et B. Donné, Paris, Allia, 2001, p. 75. Sur cette conception de la matière chez Bruno et quelques unes de ses sources, voir T. Dagron, *Unité de l'être et dialectique*, *op. cit.*, chap. XII. Voir aussi mon Introduction à la

La thèse est également au cœur de la conception du signe mnémonique et du processus intellectif. Elle est d'ailleurs implicite dans l'idée du caractère nécessairement oblique ou indirect de l'intellection qui suppose une réflexion sur les images. Averroès l'indique un peu plus loin dans son commentaire : « l'intellect matériel ne conçoit rien sans l'intellect passible, même s'il y a agent et s'il y a récepteur, de même que, s'il n'y a rien de coloré, il n'y a pas de perception de la couleur, même s'il y a lumière et s'il y a la <faculté de> voir » [1]. Il entend ici par « intellect passible », les formes de l'imagination qui sont l'objet de la faculté cogitative et de la mémoire. Ces puissances disposent, préparent ou organisent le matériau mental en vue de l'intellection proprement dite :

> sans la faculté imaginative et cogitative l'intellect qu'on appelle matériel ne conçoit rien; ces facultés en effet sont comme les choses qui préparent la matière de l'art à recevoir l'action de l'art (*hec virtutes sunt quasi res que preparant materiam artificii ad recipiendum actionem artificii*) [2].

C'est en un sens analogue que Bruno peut attribuer à l'art mnémonique la fonction non seulement de stocker et conserver les images et intentions, mais également de préparer et d'organiser le sens interne en vue de favoriser l'usage des puissances supérieures de l'esprit et, par conséquent, « d'ouvrir la voie à l'invention de nombreuses facultés » : *Ars ista non simplicem ad memoriae artem confert* : *sed et ad multarum facultatum inventionem viam aperit et introducit* [3].

À l'erreur appelée par l'analogie de l'art consistant à rapporter au seul intellect agent la production des intelligibles, Averroès oppose une autre erreur consistant à assimiler l'intellect matériel à l'imagination [4] :

traduction du *Sigillus sigillorum*, *op. cit.*, où je montre l'effet de cette conception sur la théorie l'image mnésique.

1. Com. 20; Crawford, p. 451 ; De Libera, p. 120.
2. Crawford, p. 450; De Libera, p. 118.
3. *De umbris idearum*, *OLC*, II, 1, p. 17; *Op mn.*, 1, p. 36.
4. Cette thèse est celle d'Avempace (Ibn Bâgga, Abubacer), selon lequel « l'intellect matériel est la faculté imaginative en tant qu'elle est préparée à ce que les entités qui sont en elle soient conçues (*intellecte*) en acte », de sorte « qu'il n'y a pas d'autre faculté servant de sujet à ces intelligibles en dehors de cette faculté [imaginative] » (c. 5; Crawford, p. 397; De Libera, p. 67). Comme l'indique Averroès dans son *Epitomé* du *De anima*, il a lui-même défendu cette opinion avant de la rejeter. Elle est critiquée en détail dans le commentaire du livre III, c. 5, à propos de l'intellect patient, mais également dans commentaire du livre II, à propos de la vision. Selon Avempace, la lumière n'actualise pas directement le diaphane, mais la couleur. En faisant passer les couleurs de la puissance à l'acte, la lumière « les rend capable de mouvoir le diaphane » (Crawford, p. 231). La position d'Aristote, selon Averroès, est que la lumière fait passer le diaphane de la puissance à l'acte. En d'autres termes, la lumière n'est pas nécessaire pour que la couleur soient motrice en acte, mais elle est nécessaire pour rendre le milieu capable de recevoir ce mouvement (Crawford, p. 233 : « lux non est necessaria in essendo colorem moventem in actu, nisi secundum quod dat subiecto sibi proprio receptionem motus a se »).

> Mais on ne peut pas non plus dire que les intentions de l'imagination sont seules à mouvoir l'intellect matériel et à l'extraire de la puissance à l'acte, car, s'il en était ainsi, il n'y aurait pas de différence entre l'universel et l'individu, et l'intellect appartiendrait au <même> genre <que> la faculté imaginative. Bien que l'on pose que le rapport des intentions de l'imagination à l'intellect matériel est comme le rapport des sensibles au sens (comme Aristote le dit ensuite), il est donc nécessaire de poser qu'il y a un autre moteur qui les rend à même de faire passer à l'acte l'intellect matériel (ce qui consiste à les rendre intelligibles en acte en les abstrayant de la matière)[1].

En posant que les formes imaginatives suffisent à mouvoir l'intellect matériel de la puissance à l'acte et à produire l'intellection, la thèse revient à rendre l'action de l'intellect agent inutile. Elle se fonde en partie sur l'analogie entre le rapport des intentions de l'imagination à l'intellect matériel et le rapport du sensible au sens, mais elle conduit à confondre l'universel et l'individu en faisant l'économie du processus d'abstraction qui consiste à rendre intelligibles en acte les intentions imaginatives qui ne sont qu'intelligibles en puissance. Pareillement en effet, il est nécessaire que le sensible qui est sensible en puissance dans l'objet soit abstrait de la matière par un principe agent pour devenir sensible en acte. Ou encore : la couleur en puissance dans les corps opaques, pour être sentie par la faculté sensorielle ou reçue par elle, doit être préalablement abstraite et passer de la puissance à l'acte sous l'effet de la lumière. Averroès explicite alors l'analogie :

> Et puisque la raison (*intentio*) qui pousse à poser un intellect agent distinct de <l'intellect> matériel et des formes des choses que comprend l'intellect matériel est semblable à la raison pour laquelle la vue a besoin de lumière, bien que <dans le cas de l'intellect> l'agent et le récepteur soient distincts de la lumière <et de la faculté sensorielle qui reçoit la couleur>, <Aristote> a jugé bon de notifier cette raison (*modum*) à l'aide de cet exemple. Et c'est comme s'il disait : et la raison qui nous a poussés à poser un intellect agent est <la même que> celle pour laquelle la vue a besoin de la lumière. En effet, de même que la vue n'est mue par les couleurs que quand elles sont en acte, ce qui ne s'accomplit qu'en présence de lumière, puisque c'est elle qui les extrait de la puissance à l'acte, de même aussi les entités de l'imagination ne meuvent l'intellect matériel qu'une fois intelligibles (*intellecte*) en acte, ce qui ne s'accomplit pour elle qu'en présence de quelque chose qui est intellect en acte. Et il est nécessaire d'attribuer ces deux actions à l'âme <qui est> en nous – recevoir l'intelligible et le produire – bien que l'agent et le récepteur soient des substances éternelles, du fait que ces deux actions – abstraire les intelligibles et les concevoir (*intelligere*) – dépendent de notre volonté. Abstraire, en effet, n'est rien d'autre que rendre les intentions de l'imagination intelligibles en acte après l'avoir été en puissance, et concevoir (*intelligere*) n'est rien d'autre que recevoir ces intentions[2].

1. Crawford, p. 438-439 ; De Libera, p. 107.
2. Crawford, p. 439 ; De Libera, 107-108.

L'analogie met bien en avant trois termes, 1) l'image ou forme imaginative, 2) l'intellect agent qui rend intelligibles en acte par l'abstraction ces formes ou intentions de l'imagination, et 3) l'intellect matériel qui est mis en mouvement par ces formes abstraites qu'il reçoit ou conçoit. Ils correspondent, respectivement, à la couleur, à la lumière qui abstrait la couleur en la rendant sensible en acte, et au diaphane qui reçoit la couleur, assimilé à la vue ou à la faculté sensorielle.

Dans son *Commentaire*, Averroès revient régulièrement sur cette analogie qu'il convoque contre la position d'Avempace. Ainsi lorsqu'Averroès rappelle un peu plus loin que le rapport de l'intellect agent à l'intellect matériel est « comme le rapport de la lumière au diaphane » (*sicut lucis ad diaffonum*) [1]. De même encore dans cet autre passage sur l'intellect matériel :

> Et cette analogie est plus parfaite entre le sujet qui meut la vue et le sujet qui meut l'intellect. De même en effet que la vue et le sujet qui meut la vue, à savoir la couleur, ne la meut que quand, en présence de lumière, la couleur devient couleur en acte après avoir été en puissance, de même les intentions imaginées ne meuvent l'intellect matériel que quand elles deviennent intelligibles en acte après l'avoir été en puissance. C'est pour cela qu'Aristote a dû poser un intellect agent, comme on le verra ensuite, car c'est cet intellect qui fait passer ces intentions de la puissance à l'acte. De même, par conséquent, que la couleur qui est en puissance n'est pas la perfection première de la couleur qui est perçue, mais que le sujet qui est parfait par cette couleur [perçue] est la vue, de même aussi le sujet qui est parfait par la chose conçue n'est pas les entités imaginées qui sont intelligibles en puissance, mais c'est l'intellect matériel qui est parfait par les intelligibles ; et c'est lui [et non les intentions imaginées] dont le rapport à eux [aux intelligibles], est analogue au rapport de l'Intention de la couleur à la faculté de la vue [2].

On peut comprendre ici comment la thèse averroïste de l'unité de l'intellect patient ou matériel est en partie appelée par l'analogie que propose Aristote entre le processus intellectif et celui de la vision. C'est une lecture similaire du *De anima* qui organise le propos sur les ombres physiques et idéales dans le *De umbris idearum*, c'est-à-dire la théorie des espèces sensibles aussi bien qu'intelligibles.

1. c. 20 : Crawford, p. 450 ; De Libera, p. 118.
2. c. 5, Crawford, p. 401 ; De libera, p. 7.

CHAPITRE IV

LA DOUBLE VIE DE L'ÂME CONTRARIÉTÉ ET FUREUR

LE DIAPHANE DE L'ÂME

On retrouve, dès la première Intention, l'expression « diaphane de l'âme » qui renvoie aussi bien à la thématique (péripatéticienne) de l'intellect en puissance ou matériel qu'à celle (platonicienne) de la nature mixte de l'âme, intermédiaire entre la pleine lumière de l'intelligence et l'opacité du corps. Après avoir évoqué le thème de la vanité, Bruno interroge la situation du sujet humain :

> Mais comment est-il possible que ce qui n'est pas proprement vrai, et ce dont l'essence n'est pas proprement la vérité, possède l'efficace et l'acte de la vérité ?

Sa réponse est particulièrement dense :

> Il lui suffit (et c'est beaucoup) de s'asseoir à l'ombre du bien et du vrai. Je ne dis pas sous l'ombre du vrai et du bien naturel et rationnel (car c'est là ce qu'on appellerait le faux et le mal), mais <sous l'ombre du vrai et du bien> métaphysique, idéal et suprasubstantiel. L'esprit (*animus*) est par là, selon sa faculté, rendu participant du bien et du vrai ; et s'il ne l'est pas suffisamment pour en être l'image, il l'est assez pour être à son image, tant que le *diaphane de l'âme*, délimité par l'opacité corporelle, fait l'expérience dans l'intelligence humaine de quelque chose de l'ordre de l'image, puisqu'il possède l'élan qui le pousse vers cette intelligence. Dans les sens internes et la raison, où nous nous trouvons habituellement en vivant une vie animale, <nous n'en sentons que> l'ombre elle-même (Intention première).

Ce qui caractérise ce « diaphane de l'âme », c'est d'abord la tension entre deux limites : délimitée par l'opacité du corps, l'âme n'est pas à proprement parler une image du principe divin, mais elle peut être dite « à son image », selon l'expression biblique, du fait de cet élan qui pousse ses facultés supérieures en direction de l'intelligence. Cette tension interprétée au moyen du thème plotinien de la double vie ou double potentialité sera l'objet des

Fureurs héroïques. Bruno distingue ainsi l'intelligence première de l'intellect humain, c'est-à-dire de l'âme intellective ou rationnelle, comparable au diaphane qui reçoit aussi bien la lumière que les couleurs, des sens internes qui appréhendent la clarté par l'intermédiaire de l'ombre réfléchie ou projetée : non la lumière elle-même, mais les couleurs. L'analogie est explicitée dans le Concept V :

> L'âme a une substance qui se trouve par rapport aux intelligences supérieures comme le corps du diaphane relativement aux lumières (comme l'ont conçu les plus importants des Platoniciens) : par sa diaphanéité et sa transparence, elle admet une sorte de luminosité innée, toujours en acte, lorsqu'elle est dégagée du corps et réside pour ainsi dire dans la région lumineuse. Quand elle demeure dans le corps cependant, pareille au cristal dont la transparence est limitée par l'opacité, elle dispose d'espèces sensibles vagues qui, par conversion et aversion, conformément aux différences de temps et de lieux, s'approchent et s'éloignent (Concept V).

Cette définition que Bruno rapporte aux platoniciens, et en particulier à Plotin, renvoie également à la tradition du péripatétisme et notamment au débat relatif à l'âme rationnelle et à l'intellect patient. On peut rapidement ici indiquer quelques implications de cette assimilation de l'âme au diaphane.

1) L'expression sert d'abord ici à distinguer la lumière en sa source de la lumière réfléchie qui caractérise la clarté qui, dans un sens physique, définit l'illumination du milieu. Ainsi dans l'Intention troisième :

> on peut entendre la lumière de deux manières, à la fois comme relevant du domaine de la substance et du domaine des réalités relatives à la substance, qui sont autour de la substance ou consistent en elle [1].

Pareillement, l'intelligence première doit être distinguée des intelligences réceptrices qui reçoivent la lumière intellectuelle par participation, comme c'est le cas, dans le *De anima*, de l'intellect patient ou matériel. Dans les *Fureurs*, l'idée est illustrée par l'analogie de la lune et du soleil :

> Toutes les intelligences sont signifiées par la lune, en ceci qu'elles participent de l'acte et de la puissance, en ceci, veux-je dire, qu'elles ont la lumière matériellement et par participation, la recevant d'autrui ; qu'elles ne sont pas lumière par elles-mêmes, mais par le regard du soleil, lequel est l'intelligence première, lumière pure et absolue, acte pur et absolu (*la prima intelligenza la quale è pura et absoluta luce come anco è puro et absoluto atto*) [2].

1. *Ombre des idées*, p. 84.
2. *Fureurs*, p. 244.

Et plus loin :

> CICADA. Donc toutes les choses qui sont dépendantes, qui ne sont pas acte premier et cause première sont comme faites de lumière et de ténèbres, composées de matière et de forme, de puissance et d'acte ?
>
> TANSILLO. Parfaitement. De plus, notre âme, en sa substance est signifiée par la lune : elle resplendit par l'hémisphère des puissances supérieures, tourné vers la lumière du monde intelligible ; et elle est obscurcie du côté des puissances inférieures, par où elle s'adonne au gouvernement de la nature [1].

La thèse renvoie au caractère indirect ou oblique de la connaissance qui n'a pas un accès immédiat à son objet absolu, mais procède nécessairement par l'intermédiaire des espèces imaginatives. Cette nécessité est encore évoquée dans les *Fureurs* parmi les « causes d'aveuglement ». Le dialogue évoque ainsi l'aveuglement qui « procède de la disproportion qui existe entre les moyens de notre connaissance et le connaissable », et la nécessité d'une connaissance indirecte des choses divines « par le moyen de figures, similitudes, et autres équivalences que les péripatéticiens rangent sous le nom de fantasmes » [2]. La définition aristotélicienne de l'intellection comme « spéculation de fantasmes » est alors mise en regard avec l'allégorie platonicienne de la caverne et avec la « vision par similitude, miroir et énigme » de Paul. Minutolo, l'interlocuteur, rapporte cette forme d'aveuglement à la difficulté « qui a pour cause l'intermédiaire qui s'interpose entre la puissance visuelle et l'objet », autrement dit à l'impossibilité d'une vue directe de la lumière :

> Je crois pourtant avoir lu et entendu dire qu'en toute vision est requis un moyen ou intermédiaire entre l'organe et l'objet. Car de même que, par le moyen de la lumière répandue dans l'air (*diffusa ne l'aere*), et par l'image de l'objet qui, en quelque sorte, procède de ce qui est vu à ce qui voit, l'acte de la vision devient effectif (*si mette in effetto l'atto del vedere*) ; de même, dans la région intellectuelle où resplendit le soleil de l'intellect agent, par le moyen de l'espèce intelligible, qui reçoit de l'objet sa forme et, pour ainsi dire, procède de lui, notre intellect, ou tel autre intellect inférieur, parvient à saisir quelque chose de la divinité. Et ainsi que notre œil, quand nous voyons, ne reçoit pas la lumière du feu ou de l'or en substance, mais en similitude, pareillement l'intellect, en quelque état qu'il se trouve, ne reçoit pas la divinité en substance (il y aurait dès lors autant de dieux que d'intelligences), mais en similitudes ; c'est pourquoi ces intelligences ne sont pas formellement des dieux, mais peuvent être dénommées choses divines, la divine beauté demeurant une et exaltée au-dessus de toutes choses [3].

1. *Ibid.*, p. 246.
2. *Ibid.*, II, 4, p. 454.
3. *Ibid.*, p. 457-459.

Minutolo insiste sur la nécessité d'une vision non pas directe, mais réfléchie des choses divines. Severino qui mène le dialogue, accorde ce point général : la connaissance que nous avons des choses divines est non pas directe, mais réfléchie et suppose « ces sortes d'intermédiaires que sont l'espèce intelligible et la lumière », néanmoins il insiste sur le fait que la cécité dont il est question ici regarde la qualité du milieu diaphane réfléchissant : les obstacles à la vision immédiate « correspondent à l'épaisseur et à la densité d'un milieu diaphane, ou même à l'opacité d'un corps s'interposant » :

> comme il advient à celui qui voit à travers une couche d'eau plus ou moins trouble, un air brumeux ou nuageux, et qui estimerait voir sans obstacle interposé s'il lui était permis de porter son regard à travers un air pur, lumineux et limpide [1].

En langage imagé, Bruno reprend la conception aristotélicienne de l'intellect matériel, comparé au diaphane susceptible, par sa nature, d'altérer la vision. L'obstacle qui relève de la qualité du diaphane illustre la problématique des « contractions de l'âme » développée dans le *Sigillus sigillorum*, autrement dit le fait que la réception de la lumière intellectuelle dépend de la condition du patient.

2) Dans la tradition platonicienne, l'expression renvoie à l'idée d'une médiété de l'âme, intermédiaire entre l'opacité du corps et la lumière de l'intelligence. Ainsi Ficin qui mentionne la « transparence de l'âme » :

> C'est pourquoi, dans le *Timée*, Platon dit que Dieu a uni l'intelligence à l'âme, l'âme au corps, comme si l'intelligence ne pouvait être unie au corps ténébreux que par l'âme transparente (*aliter quam per animam perspicuam*), de même qu'un corps brillant est uni à un corps opaque par un corps diaphane, c'est-à-dire transparent, afin que ce qui possède de soi la lumière et la montre à d'autres soit uni à ce qui est dépourvu de lumière et fait obstacle à la lumière par une nature intermédiaire, qui, bien que dépourvue de lumière par elle-même, n'empêche pas néanmoins l'accès à la lumière [2].

Cette nature intermédiaire renvoie au thème plotinien d'une « double vie » de l'âme que l'on trouve par exemple chez Plotin dans l'*Ennéade* sur « La descente de l'âme dans le corps » qui traite de la double potentialité ou de la double vie de l'âme :

> Les âmes ont nécessairement une double vie; elles vivent en partie de la vie de là-bas, et en partie de la vie d'ici, davantage de l'une, lorsqu'elles peuvent être en relation plus intime avec l'intelligence, et davantage de l'autre, dans le cas où elles y sont contraintes par leur nature ou par des circonstances accidentelles [3].

1. *Fureurs*, p. 459.
2. Ficin, *Théol. plat.* IV, 1, p. 149-150.
3. *Ennéades*, IV, 8, 4.

La thèse est constamment reprise et argumentée par Bruno. Ainsi dans le *De la causa*, Bruno rappelle cette définition platonicienne de l'âme :

> Selon les platoniciens, l'âme est liée au corps par deux sortes d'attaches. L'une est un certain acte vivifiant qui, tel un rayon, descend de l'âme dans le corps; l'autre est une certaine qualité vitale qui, dans le corps, est le résultat de tel acte [1].

Cette dualité est propre à l'âme capable, comme l'écrit Ficin, de « regarder à la fois le corporel et l'incorporel » [2].

L'Intention quatrième illustre la double nature de l'âme au moyen de l'ambiguïté de l'ombre :

> Il ne t'échappera pas, par conséquent, puisque l'ombre possède quelque chose de la lumière et quelque chose des ténèbres, qu'il nous arrive d'être sous une ombre double : sous l'ombre des ténèbres et, comme ils disent, l'*ombre de la mort*, ce qui a lieu lorsque les puissances supérieures sont flétries ou oisives, ou lorsqu'elles sont asservies aux inférieures et que l'esprit ne se consacre qu'à la seule vie corporelle et aux sens, – et sous l'ombre de la lumière lorsque les puissances inférieures sont soumises aux supérieures, et aspirent à des objets éternels et plus élevés. Cela arrive à celui qui s'est tourné vers le ciel et qui, par l'esprit, a foulé aux pieds les tourments de la chair. La première est l'ombre qui s'étend dans les ténèbres; la seconde, l'ombre qui s'étend dans la lumière. Sous l'horizon de la lumière et des ténèbres, nous ne pouvons rien concevoir d'autre que l'ombre. L'ombre est sous l'horizon du bien et du mal, du vrai et du faux. C'est là que se trouve tout ce qui peut être rendu meilleur ou pire, devenir faux ou se conformer à la vérité. Là, ce qui tend d'un côté, on dit qu'il est sous l'ombre d'un <principe>, et ce qui tend de l'autre côté, qu'il est sous l'ombre <du principe opposé> (Intention IV).

L'ombre, relative aux ténèbres comme à la lumière, est une modalité immanente des deux principes dont elle participe. Cette ambiguïté est d'abord rapportée à l'opposition entre deux genres de vie ou contractions de l'esprit, et à la distinction entre puissances supérieures et inférieures de l'âme. Mais elle définit ainsi la condition intermédiaire ou mixte de l'âme, située sous un double horizon ou sous une « ombre double ».

3) La doctrine de la double vie de l'âme d'origine platonicienne ou plotinienne permet de résoudre, sur le plan métaphysique et cosmologique, l'opposition entre le monde sensible et intelligible, assignant à l'âme la double tâche,

1. *Causa*, p. 144. Voir Ficin, *In Enn.*, IV, 4, 19; *Opera omnia*, p. 1743 : « duobus quasi nodis anima cum corpore devincitur : unus quidem vergit in animam, id est vivificus eius actus emicans erga corpus, alter vero declinat ad corpus, id est qualitas ipsa vitalis per hunc actum infusa corpori ».

2. Voir *Théologie platonicienne*, XVI, 5; trad. fr. cit. p. 123 : « en vertu de la nature de la tierce essence, l'âme à l'instar de Janus au double visage, regarde à la fois le corporel et l'incorporel (*animus per naturam essentiae tertiae, Iani bifrontis instar, utrumque respiciat, corporum scilicet et incorporum*) » (référence indiquée par M. Granada dans les notes de l'édition citée).

comme on peut le lire dans l'*Asclépius*, d'« admirer et adorer les choses célestes », mais également de « prendre soin et gouverner les choses terrestres » (*incolere et gubernare terrena*). La tâche, tout à la fois, de penser les choses éternelles et de vivre dans un corps [1]. La contrariété, résolue du point de vue métaphysique, devient immanente à l'âme elle même. La solution formelle du problème de l'âme déplace la difficulté sur le plan éthique des genres de vie et des conflits qui en résultent nécessairement. J'ai rappelé ailleurs comment l'averroïsme latin, d'abord avec Siger de Brabant, avait tenté de résoudre la tension qui paraissait habiter la doctrine averroïste relativement à l'unité de l'âme entendue à la fois comme forme du corps et principe intellectif [2] : une en essence, l'âme intellective, une en essence et séparée en soi, est néanmoins unie au corps « quant à l'opération ». La position ainsi défendue est couramment rapportée, à l'époque de Bruno, à la suite notamment des critiques de Nifo, à la définition platonicienne de l'âme et de sa « double vie ». L'évocation du « diaphane de l'âme », dans le *De umbris idearum*, figure cette ambiguïté de la nature de l'âme, une en soi et diverse quant à l'opération. J'ai indiqué que cette tension organisait pareillement la conception mnémonique de l'image [3].

Dans les *Fureurs héroïques*, consacrées à cette tension constitutive de l'âme, Bruno évoque ainsi la solution formelle du problème de la dualité de l'âme :

> Les platoniciens veulent que l'âme, quant à sa partie supérieure ne consiste que dans l'intellect, en sorte qu'elle mérite le nom d'intelligence plutôt que d'âme, attendu que l'âme est ainsi nommée pour autant qu'elle vivifie le corps et le sustente [4].

L'âme est capable à la fois de vivre et de penser : elle est à la fois forme du corps et intellect. La thèse revient donc à affirmer l'unité d'essence de l'âme : « Si bien qu'il n'y a pas deux essences contraires, mais une seule, sujette à deux termes de contrariété (*Si che non sono due essenze contrarie, ma una suggetta a doi termini di contrarietade*) » [5]. La pluralité est nominale seulement, et n'a de sens que relativement à l'opération, non à l'être ou l'essence. Ce que confirme Tansillo, le porte-parole de Bruno :

> Exactement. De même que le rayon du soleil, atteignant la terre, touche alors à des choses inférieures et obscures qu'il éclaire, vivifie et enflamme, mais n'en est

1. *Asclepius*, 8 ; éd. A. D. Nock, trad. fr. A.-J. Festugière, *Asclépius, Corpus hermeticum* [1945], Paris, Les Belles Lettres, 1983, p. 306.

2. Voir mon introduction à la traduction du *Sceau des sceaux*, *op. cit.*, « Mémoire, imagination et intellection dans le *Sigillus sigillorum* », chap. III.

3. La question a donné lieu à de nombreux débats à la croisée du péripatétisme et du platonisme. Elle est notamment au cœur des *Dialogues d'amour* de Léon Hébreu (Juda Abravanel) qui s'appuie largement sur la tradition philosophique judéo-arabe et dont l'influence sur Bruno est indiscutable. Elle est également au cœur de la conception néoplatonicienne de la magie, c'est-à-dire d'un art pratique qui vise à réunifier la « double vie de l'âme » (comme en témoigne l'*Asclepius*).

4. *Fureurs*, I, 4, p. 189.

5. *Ibid.*

pas moins lié à l'élément du feu, c'est-à-dire à l'étoile dont il procède, où il a son commencement, d'où il se diffuse, dans lequel il a sa subsistance propre et originale (*da cui procede, ha principio, è diffuso, et in cui ha propria et originale sussistenza*), de même l'âme, qui est dans l'horizon de la nature corporelle et incorporelle, s'élève aux réalités supérieures et incline vers les réalités inférieures. Et tu peux voir que cela n'advient pas par ordre et raison du mouvement local, mais seulement par l'impulsion de l'une ou l'autre des puissances ou facultés. Comme lorsque le sens monte dans l'imagination, l'imagination à la raison, la raison à l'intellect, l'intellect à l'esprit (*mente*), et lorsque l'âme tout entière se convertit en Dieu, et habite le monde intelligible. Et lorsqu'au contraire elle descend par conversion au monde sensible par les degrés de l'intellect, de la raison, de l'imagination, de la puissance sensitive et de la végétative [1].

Le *Sigillus sigillorum* avait pareillement évoqué la succession ordonnée des puissances de l'âme, comme autant d'opérations rapportées à l'essence unique de l'esprit ou de l'intelligence :

> Par conséquent, une essence unique et simple est dotée d'une efficace première, totale et simple, qui se divise nécessairement dans le sujet, se distingue et se multiplie, et cette chose une et identique reçoit des dénominations diverses relativement aux actes divers, comme on l'a dit : le sens sent seulement en soi ; dans l'imagination, il sent en plus qu'il sent ; le sens qui est déjà une certaine imagination, s'imagine en soi et, dans la raison, il se perçoit imaginer ; le sens qui est déjà raison, s'aperçoit argumenter ; le sens qui est déjà intellect, intellige en soi ; dans l'esprit divin, il voit sa propre intelligence ; et l'esprit divin possède et trouve toutes choses dans son essence vive et illumine l'intellect jusqu'aux profondeurs de la matière [2].

La solution métaphysique du problème laisse cependant entière la difficulté éthique ou pratique associée à cette pluralité des genres de vie et aux « mutations de l'âme » ou « contractions » qu'elle implique. C'est l'objet des *Fureurs héroïques* consacrées à la contrariété qui découle de la diversité de ses fonctions et de ses opérations. Le philosophe, transformé en « furieux », est voué à « endurer cette discorde, ce déchirement à l'intérieur de lui-même » (*quel disquarto e distrazzione in se medesimo*), lorsque « l'affection, délaissant la région moyenne de la tempérance, tend à l'un ou l'autre extrême » [3]. D'où encore, après l'évocation de la thèse platonicienne d'une essence une quant à l'être, cette conséquence :

> Aussi la même essence qui nourrit les pensers et les maintient en haut, au voisinage du cœur magnifié, en éprouve-t-elle, dans sa partie inférieure, de la tristesse et se détermine-t-elle à les rappeler comme rebelles [4].

1. *Ibid.*
2. *Sigillus sigillorum*, I, 32.
3. *Fureurs*, p. 106.
4. *Ibid.*, p. 189.

DES *DIALOGUES D'AMOUR* AUX *FUREURS HÉROÏQUES*

La doctrine platonicienne de la médiété de l'âme et de sa « double vie » sert à résoudre une tension d'ordre métaphysique, mais déplaçant la contrariété au cœur de la définition de l'âme, elle la reconduit sur un plan éthique. Les *Fureurs héroïques* sont entièrement consacrées à cette question. Bruno s'y inspire assez étroitement des *Dialoghi d'amore* de Juda Abravanel (dit Léon Hébreu) qui appréhende la thématique platonicienne de l'amour à la lumière du péripatétisme judéo-arabe.

1) Ainsi, dans les *Dialogues d'amour*, après avoir évoqué les divers états ou « vacances » de l'esprit et le fait que « le pensif (*il cogitabondo*) perd les sens comme celui qui dort », Sofia, l'interlocutrice du dialogue, s'étonne comme d'une « chose grandement émerveillable », que « notre âme puisse voler et se répandre parmi les choses corporelles, et puis encore se puisse retirer et recueillir tout ensemble aux spirituelles », mais surtout « que (puisqu'elle est [...] une et indivisible) entre deux choses tant contraires et distantes l'une de l'autre que sont les corporelles et les spirituelles, son vol soit étendu ». Pour raison de « cet admirable voltigement (*questo mirabil volteggiore*) », Philon apporte cette explication convenue :

> En ceci est évident que l'âme (*anima*) est inférieure de l'entendement abstrait (*intelletto astratto*); pource que l'entendement toujours tout un, uniforme et sans mouvement d'une chose en autre, ni de soi en chose autre et aliène : et pour autant l'âme qui est inférieure de lui (car de lui elle dépend) n'est uniforme, ains [mais] pour être milieu entre le monde corporel et l'intellectuel (je dis milieu et lien avec lequel ils sont assemblés et liés l'un à l'autre) lui est nécessaire d'être pourvue de nature mêlée, à savoir d'intelligence spirituelle et mutation corporelle : autrement elle ne pourrait animer les corps. Voilà pourquoi il advient souvent qu'elle sort de son intelligence aux choses corporelles pour s'occuper à la sustentation du corps par la vertu nutritive : et encore, pour reconnaître les choses extérieures nécessaires à la vie et à la cogitation moyennant la vertu et les sensitives opérations; et puis parfois se retire en soi et retourne à son intelligence, se joignant et unissant avec l'entendement abstrait son supérieur : puis derechef l'abandonne et revient aux choses corporelles : et après encore retourne aux intellectuelles, selon les inclinations occurrentes [1].

Du point de vue de ses puissances, l'âme est ainsi à l'image du « cercle que les Arabes font de l'univers », inspirée d'al-Fârâbi, d'Avicenne et de Maïmonide : les choses inférieures procèdent des supérieures selon un ordre descendant, mais elles y remontent selon l'ordre de la conversion. Le propos est encore rapporté directement rapporté aux définitions platoniciennes de l'âme, par l'intermédiaire notamment de Ficin. Il est enfin illustré par

1. *Dialogues d'amour*, dial. III, trad. fr. Pontus de Tyard (1551), éd. T. Dagron et S. Ansaldi, Paris, Vrin, 2006, p. 254-255.

l'évocation du thème de la « mort du baiser », c'est-à-dire de la mort qui surprend le sage en état de conjonction intellectuelle, l'âme étant tellement attachée à son objet divin, qu'elle abandonne le corps et le laisse sans vie :

> Ainsi sont morts nos bienheureux saints; desquels les âmes, par un très poignant désir affectueusement contemplant la souveraine et divine beauté, du tout en icelle converties <et transformées>, abandonnèrent les corps. Parquoi la Sainte Écriture, parlant de la mort des deux saints pasteurs Moïse et Aaron, dit qu'ils moururent par la bouche de Dieu; ce que métaphoriquement ont déclaré les sages, disant qu'ils moururent en baisant la divinité; c'est-à-dire ravis de l'amoureuse contemplation et union divine [1].

Pareillement, plus loin, l'état de conjonction est présenté comme une menace pour la partie corporelle de l'homme, abandonnée par la puissance intellectuelle :

> Car, au semblable, celle conjonction divine fait abandonner à l'âme les choses corporelles et les sollicitudes d'icelles : et la partie inférieure demeure ténébreuse, c'est-à-dire l'axe en cette copulation avec l'entendement ne pourvoit aucunement aux choses corporelles, ni à la convenante administration d'icelles : ains demeure abstraite en contemplation [2].

À l'inverse, la même âme, attentive « à pourvoir aux corporelles affaires, abandonne entièrement la contemplation » [3] :

> Lorsque l'âme, inclinée outre mesure aux choses matérielles et corporelles, se <souille et> emboue en icelles, et qu'elle perd du tout la raison et lumière intellectuelle : car non seulement se <dissout et> perd la copulation divine et l'intellectuelle contemplation, mais encore la vie active se fait entièrement déraisonnable et purement bestiale : tellement que même en l'usage des lascivetés, l'âme ni la raison ont aucun lieu [4].

Ces passages, et bien d'autres, illustrent bien l'idée selon laquelle, comme le soutient Bruno, » il n'y a pas deux essences contraires, mais une seule sujette à

1. *Ibid.*, p. 253. Voir, sur le thème de la conjonction, *ibid.*, dial. I, p. 107-108. Les commentaires médiévaux juifs font expressément le lien entre cette « mort du baiser » et la thématique de la conjonction intellectuelle du péripatétisme arabe (voir notamment Maimonide, *Guide*, III, 51). Même chose chez Ficin pour décrire la mort de Platon lui-même : « Platon qui, par l'intensité de sa méditation, faisait abstraction de son corps, mourut dans ce détachement des liens du corps » (*Théol. Plat.*, XIII, 2, p. 201). Dans les *Fureurs*, Bruno fait plusieurs allusions au thème de la mort du baiser qu'il interprète non pas du point de vue du composé proprement dit, mais, suivant le commentaire de Ficin au *Banquet*, comme signifiant « la langueur de l'âme, morte en soi, vivante dans son objet » (p. 163). Pareillement, comme « la mort des amants qui procède de la joie suprême » et désigne la « vie éternelle, donnée à l'homme virtuellement dans le temps et effectivement dans l'éternité » (p. 333).

2. *Ibid.*, p. 269.

3. *Ibid.*

4. *Ibid.*, p. 273.

deux termes de contrariété »[1]. Cependant, levée au niveau métaphysique de l'essence, la contradiction réapparaît au plan éthique des « formes de vie » et des opérations : « le double amour qui se trouve en l'âme est cause des diverses mutations d'icelle »[2]. D'où la question centrale des *Dialogues* : comment une essence une et simple peut-elle être tendue vers deux objets contraires et sujette à un « double amour » ? Ces « mutations » que mentionnent les *Dialogues d'amour*, et dont Bruno fait le thème principal des *Fureurs*, renvoient à la problématique du péripatétisme judéo-arabe : la difficulté, mise en scène par Juda Abravanel, dans la continuité du péripatétisme judéo-arabe, est bien de savoir comment le même être ou la même essence, l'âme, peut être *à la fois vivre et penser*, être à la fois forme du corps et principe d'intellection.

2) Dans les *Dialogues d'amour*, la tension qui résulte des « diverses mutations » de l'âme est figurée de manière saisissante par un commentaire du récit biblique de la création. Se rapportant à la tradition talmudique de l'Adam androgyne (« Mâle et femelle il le créa », *Genèse*, 1, 27), Juda Abravanel interprète le premier couple comme figurant la composition de l'homme, divisé en une partie matérielle ou corporelle (féminine) et une partie intellectuelle (masculine). Dans cette union réputée parfaite, la partie corporelle est absolument assujettie à la partie intellectuelle qui se trouve dans un état de perfection ou de conjonction, affranchie des soins du corps et des passions, comme du savoir pratique relatif au bien et au mal[3]. Cette conjonction et cette subordination parfaite représentent un état de perfection originel caractérisé par un accord parfait entre les parties de l'individu humain, qui sert traditionnellement de modèle aux « cités parfaites » aussi bien qu'à la vie propre des sphères célestes. Juda insiste néanmoins sur la fragilité d'un tel lien :

> Toutefois la divinité prévit que, combien que cette voie d'union des deux parties de l'homme, et de l'obéissance de la corporelle féminine à la masculine intellectuelle, fît l'homme heureux et immortalisât son essence, à savoir son âme intellective ; ce néanmoins, par telle occasion, sa partie féminine était plus fragile, et disposée à périr et sujette à la corruption, comme on voit le semblable au pur particulier homme individu : car quand l'entendement s'enflamme en la connaissance des choses éternelles et divines, il abandonne la sollicitude du corps et le laisse avant son temps périr [...]. À raison de quoi, Dieu délibéra mettre quelque division tempérée entre la partie féminine sensuelle et l'intellectuelle masculine : tirant la sensualité et l'intellect à aucuns désirs et

1. *Fureurs*, p. 189. J'ai indiqué dans l'Introduction à la traduction du *Sigilus sigillorum* comment la solution consistant à distinguer l'essence de l'opération, si elle appartient bien à la tradition platonicienne, trouvait un écho dans l'averroïsme latin, chez Siger de Brabant et Jean de Jandun. Ici le problème posé par la théorie averroïste de l'intellection n'est pas de savoir (comme le soutient Thomas d'Aquin) si « cet homme pense », mais renvoie à la contrariété et aux mutations imposées la diversité des opérations dont elle est susceptible.

2. *Dialogues d'amour*, éd. cit., p. 274.

3. *Ibid.*, p. 396.

> actes corporels nécessaires pour la sustentation de l'individu : et pour la conservation et succession de l'espèce. C'est ce que signifie le texte, disant : « il n'est bon que l'homme soit seul, faisons lui une aide au front, ou bien pour lui assister » : c'est-à-dire que la partie sensuelle féminine ne soit tant obéissante et intentive à l'entendement qu'elle lui fasse quelque résistance, ains [mais] l'attire aucunement aux choses corporelles [1].

L'idéal de subordination sans reste est source d'un déséquilibre mortel qui impose la « division tempérée » entre les parties : l'ordre susceptible de réaliser l'unité du composé (politique et humain) ne repose pas sur l'obéissance parfaite, mais sur la résistance de l'inférieur qui doit éveiller la sollicitude et, pour ainsi dire, la condescendance du supérieur. La situation nouvelle expose l'intellect masculin au bavardage et à la médisance des femmes [2], c'est-à-dire aux contingences de ce monde, et inaugure ainsi l'histoire humaine. Traditionnellement interprétée comme une conséquence de la chute, cette division est présentée ici comme la conséquence d'une délibération divine, qui suit la création proprement dite du composé. L'événement de la chute proprement dite, rendue possible par la nouvelle configuration, trouve finalement son origine et ses racines dans un événement qui la précède : elle est par là hantée par le mirage de cet état de perfection illusoire que représente la subordination sans reste, aussi bien que par la menace qu'il fait peser sur le composé humain. La faute originelle, traditionnellement rapportée à la rébellion de la partie inférieure ou charnelle de l'âme, est précédée d'une autre faute : l'*hubris* et le manque de sollicitude de la partie supérieure qui délaisse le soin du corps.

La signification dialectique du mythe biblique est claire. Elle repose sur l'idée selon laquelle, pour qu'une pensée du tout soit possible, il faut concevoir l'unité comme essentiellement duelle; c'est de cette dualité ou division que repose le lien d'amour. Le motif renvoie à un thème fondamental de la tradition juive qui pense l'unité dynamiquement, comme le terme d'un processus. Ainsi cette formule du *Zohar* :

> Tous les baisers d'amour n'ont pas d'autre fonction que de faire qu'il y ait un unique ensemble, pour que l'un s'intègre à l'autre sans séparation. Ainsi, partout ces baisers ont pour fonction de faire que tout soit un en un même ensemble, lettres avec lettres, mondes avec mondes, degrés avec degrés, l'épouse avec son époux, pour que tout soit un [3].

1. *Ibid.*, p. 397. Pour l'arrière-plan du commentaire, ancré dans la tradition talmudique, aussi bien que dans la philosophie judéo-arabe de l'Espagne médiévale, voir mes notes et mon introduction des *Dialogues*.

2. C'est le sens de l'étymologie du nom *Havah*, comme « animal parlant, babillard et femme » (*Dialogues*, éd. cit., p. 401), que l'on trouve chez Isaac Abravanel dans son commentaire du récit de la création, où le nom propre est dérivé de *hovéh daat* (donner son opinion, argumenter).

3. *Zohar. Le Cantique des Cantiques*, 63d; trad. fr. Ch. Mopsik, Paris, Verdier, 1999, p. 82. Sur la question voir également G. Scholem, « *Shekhina*, les facteurs passif et féminin dans la divinité », dans *La mystique juive. Thèmes fondamentaux*, trad. fr. M. R. Hayoun, Paris, Cerf, 1985,

L'unité nouvelle ainsi engendrée correspond, dans le cas du composé humain, à la réalité spécifique de l'âme, intermédiaire entre l'intelligence et le corps, dont la constitution mixte, ouverte aux conflits et aux discordances, garantit le lien des contraires qui définit la vie. Le récit de la création est ainsi mobilisé, par Juda Abravanel, comme un mythe de la genèse de l'âme, contemporaine de la « naissance de l'amour » à laquelle est consacré le troisième des *Dialogues*.

3) Pareillement chez Bruno, les pensées et l'activité de la partie intellective de l'âme menacent l'intégrité du composé. Ainsi cette lamentation de l'âme confrontée à l'impossibilité de satisfaire des exigences contraires et incompatibles :

> Comment pourrai-je me repaître des seules espèces intelligibles, comme de pain intellectuel, puisque la substance de ce substrat est composée ? Comment pourrai-je maintenir dans le commerce familier de ces membres amis et chers, que j'ai tissés autour de moi, les ordonnant par la symétrie des qualités élémentaires, dès lors que m'abandonnent mes pensers, mes sentiments, tous uniquement soucieux du pain immatériel et divin ? Reprenez-vous, pensers fugitifs, cœur rebelle ; que le sens vive de choses sensibles et l'intellect d'intelligibles. Que la matière, que le sujet corporel soit le soutien du corps et que l'intellect en ses objets propres s'apaise, afin que subsiste ce composé, que ne se disloque point cette machine où, par le moyen de l'esprit, l'âme est unie au corps. Pourquoi faut-il que, par œuvre des miens plutôt que par la violence extérieure (*per opra domestica più tosto che per esterna violenza*), j'aie la douleur de voir en mes parties cet horrible divorce (*quest'orribil divorzio*) [1] ?

Ce divorce intérieur regarde d'unité de l'animal. Comme dans les *Dialogues d'amour*, il peut se comprendre aussi bien de la dissolution des liens qui organisent la communauté domestique comme l'ordre politique. C'est ce que confirme la suite du passage que l'on peut rapporter à l'image aristotélicienne du pilote dans son navire :

> Pourquoi ? Parce que l'intellect se mêle de faire la loi au sens et le prive de nourriture ; et le sens résiste : il veut vivre selon ses règles propres, il refuse celles d'autrui (*volendo vivere secondo gli proprii e non secondo l'aultrui statuti*). Seules les siennes peuvent assurer son existence et son bonheur ; or c'est de sa vie à lui, de sa commodité à lui et non de celle des autres qu'il doit prendre soin. Harmonie et concorde sont absentes là où est l'unité (*Non è armonia e concordia dove è unità*) ; elles ne sont point là où un être veut absorber tout l'être, mais là où il y a ordre et proportion dans la diversité et où chaque chose obéit à sa nature. Que le sens donc se repaisse de choses sensibles, selon sa loi (*secondo la sua legge*) ; que la chair garde la loi de la chair, l'esprit, la loi de l'esprit, la raison, la loi de la raison ; qu'ils ne se confondent pas entre eux, qu'ils

p. 151-202, mais aussi le recueil de Ch. Mopsik, *Le sexe des âmes. Aléas de la différence sexuelle dans la Cabale*, Paris-Tel Aviv, Éditions de l'Éclat, 2003.

1. *Fureurs*, p. 183.

> ne se troublent pas l'un l'autre. Il suffit que l'un n'altère point la loi de l'autre et ne lui porte point préjudice : s'il n'est juste que le sens outrage la loi de la raison, il est également blâmable que la raison exerce sa tyrannie au mépris de la loi du sens, d'autant que l'intellect est plus vagabond, plus étranger (*più peregrino e straniero*), le sens plus casanier et comme en sa propre patrie (*più domestico e come in propria patria*). Vous voyez donc, ô mes pensers, comment certains d'entre vous ont le devoir de s'attacher aux soins de la maison, tandis que d'autres peuvent aller chercher d'autres sujets d'inquiétude [1].

L'exigence d'unité conduit au divorce. Dans les *Dialogues d'amour*, le remède passait par l'établissement d'une « division tempérée » entre l'inférieur et le supérieur et par l'émergence d'un « intellect pratique » en charge de « s'attacher aux soins de la maison », solidaire du destin de la partie corporelle, et d'assumer les fonctions d'une « partie du composé ». La problématique de l'unité de l'âme ouvre ainsi expressément sur celle de l'intégration de ses fonctions.

On peut entendre ainsi la dénonciation, récurrente sous la plume de Bruno, du mépris des œuvres des Réformés, ainsi que de l'oisiveté des moines : à la lumière des contradictions que met en avant la pluralité des « formes de vie ». De fait, dans les *Fureurs*, Bruno dénonce pareillement, à la suite de l'extrait cité, « l'humeur mélancolique » et l'intempérance contraire aux « lois de la nature », de ceux qui aspirent à une vie divine, contraire à la condition commune de l'humanité :

> Telle est la loi de nature, et en conséquence telle est la loi de celui qui est auteur et principe de la nature. Aussi commettez-vous une faute quand, séduits par les beautés de l'intellect, vous laissez en péril de mort l'autre part de moi-même. D'où vous est née cette humeur mélancolique et perverse d'enfreindre les lois certaines et naturelles de la vraie vie, qui est entre vos mains, pour vous mettre en souci d'une vie incertaine qui n'est qu'une ombre, au-delà des limites des cogitations fantastiques (*che non è se non ombra oltre le limite del fantastico pensiero*) ? Vous paraît-il naturel que des êtres refusent la vie animale ou humaine, pour vivre la vie divine, alors qu'ils ne sont pas des dieux, mais des hommes ou des animaux ? C'est une loi du destin ou de la nature que chaque chose s'emploie selon les conditions de son être. Pourquoi donc, tout à la poursuite de l'avare nectar des dieux, renoncez-vous à ce qui vous est donné en propre, vous perdant vous-mêmes, peut-être, dans la vaine espérance du bien d'autrui ? Croyez-vous que la nature daignera vous accorder cet autre bien quand celui que présentement elle vous offre, si sottement vous le méprisez [2] ?

Comme chez Juda Abravanel encore, l'idéal de conjonction intellectuelle propre à la philosophie fait obstacle aux nécessités de la vie, remet en question l'unité de l'homme et compromet l'équilibre du composé :

1. *Ibid.*, p. 183-185.
2. *Ibid.*, p. 185.

> Victime du double amour qu'elle éprouve pour la matière et pour les choses intelligibles, elle [l'âme] se sent tirée de part et d'autre, déchirée, écartelée, si bien qu'elle doit céder enfin à l'attraction la plus vigoureuse et la plus forte. Et si, par vertu de contemplation, elle s'élève ou est transportée au-dessus de l'horizon des affections naturelles, de manière à percevoir d'un œil plus pur la différence entre l'une et l'autre vie, alors, vaincue par les plus hautes pensées, comme morte à son corps, elle aspire aux régions supérieures ; et, bien que vivante en son corps, elle y végète comme morte ; elle y est présente en acte d'animation et absente en acte d'opérations ; non qu'elle n'y soit pas opérante, aussi longtemps que le corps est vivant, mais parce que les opérations du composé sont précaires, débiles et comme vides de toute pensée (*sono rimesse, fiacche e come dispenserare*) [1].

L'idéal philosophique de conjonction intellectuelle conduit au désordre du composé humain. À ce titre, il peut être regardé non comme une vertu, mais au contraire comme un vice, « un vice pratiqué selon un mode divin », au regard de la définition de la vertu morale comme tempérance :

> Voilà donc, pour en venir à notre propos, pourquoi cette fureur héroïque, sur laquelle notre discours jette à présent quelque clarté, diffère des fureurs plus basses non comme la vertu du vice, mais comme le vice pratiqué suivant un mode divin, par un sujet plus divin, du vice pratiqué suivant un mode bestial, par un sujet plus bestial : de manière que la différence est dans les sujets et dans les modes, et non pas dans la forme, qui reste celle du vice [2].

Malgré la noblesse de l'idéal contemplatif qui la commande, la « fureur héroïque » reste problématique : elle conduit, sur le plan pratique, une forme de déchirement qui menace l'intégrité du composé. Elle se confronte à l'exigence éthique de tempérance, c'est-à-dire d'organisation et d'intégration des parties ou tendances de l'âme.

Cette exigence est au cœur des traités mnémotechniques de Bruno : leur fonction n'est pas seulement de fournir une théorie de la connaissance, mais également de prendre en charge cette dualité propre à l'âme. Le statut médiateur de la mémoire prend ainsi une signification éthique et pratique fondamentale : il revient à l'art de réunir ou de réassocier les puissances ou parties contraires de l'âme.

1. *Fureurs*, p. 193.
2. *Ibid.*, p. 130.

GIORDANO BRUNO

DES OMBRES DES IDÉES

DE UMBRIS IDEARUM

PHILOTHEI IORDANI BRUNI NOLANI DIALOGUS PRAELIBATORIBUS APOLOGETICUSPRO UMBRIS IDAEARUM AD SUAM MEMORIAE INVENTIONEM

INTERLOQUTORES
HERMÈS. PHILOTHIMUS. LOGIFER

HERMÈS. Perge liber. Neque enim ignoras eundem solem; eamdemque artem. Idem sol huius gesta propalat in honorem, illius in contumeliam facta producit. Tristantur illo presente nocturnae striges, bufo, basiliscus, bubo : solitaria, nocturna, et Plutoni Sacra. Gestiunt autem Gallus, Phoenix, Cignus, Olor, Aquila, Linx, Aries atque Leo. Ipso oriente operatores tenebrarum congregantur in cubilia, homo vero et animalia lucis exeunt ad opus suum. Haec invitat ad laborem; trudit illa in ocium. In ipsum lupinus et Elitropia convertuntur, ab ipso vero herbae atque flores noctis avertuntur. In nebulae speciem rarefactos humores attollit, deturbat autem in terram condensatos in aquam. Aliis perennem atque continuam; aliis vicissitudinalem lucem impertitur. Hunc intellectus non errans stare docet : Sensus autem fallax suadet moveri. Hic terrae girantis parti huic

DIALOGUE PRÉLIMINAIRE
APOLOGIE EN FAVEUR DES OMBRES
DES IDÉES RELATIVES À L'ART DE LA MÉMOIRE DE L'AUTEUR

INTERLOCUTEURS :
HERMÈS, PHILOTHIMUS, LOGIFER

HERMÈS. En avant, livre ! Tu n'ignores pas que le Soleil est un et que l'art est un. Un même Soleil dévoile les actions qui honorent les uns et flétrissent les autres. Lorsqu'il est présent, il attriste les striges de la nuit, le crapaud, le basilic et le hibou sèment la tristesse à notre époque : solitaires et nocturnes, ils sont consacrés à Pluton. Mais il transporte d'allégresse le coq, le phénix, le cygne, le cygne tuberculé, l'aigle, le lynx, le bélier et le lion. Au lever du Soleil, ceux qui agissent dans les ténèbres se rassemblent à couvert, tandis que l'homme et les animaux épris de lumière sortent accomplir leurs travaux [1]. La lumière invite au labeur, la nuit pousse à l'oisiveté. Le lupin et l'héliotrope se tournent vers le Soleil, mais les herbes et les fleurs de la nuit s'en détournent. Il soulève les vapeurs raréfiées qu'il transforme en nuages, mais il expulse les vapeurs condensées sur terre pour qu'elles deviennent eau. Aux uns, il communique une lumière pérenne et continue; aux autres, une lumière vicissitudinale. L'intellect enseigne que le Soleil demeure fixe, mais les sens trompeurs nous

1. Même évocation des animaux nocturnes et diurnes au début du *De la causa*, p. 42-46. Le passage commence par cette allusion à l'allégorie de la caverne : « Tels des condamnés accoutumés aux ténèbres qui, libérés du fond de quelque tour obscure, sortent à la lumière, bien des pratiquants de la philosophie vulgaire, et d'autres encore, seront saisis d'effroi, frappés d'étonnement et (ne pouvant supporter le soleil nouveau de tes brillants concepts) tout bouleversés ». Passage repris presque littéralement dans le *De immenso*, I, 2 ; *OLC* I, 1, p. 206-208.

expositae oritur : occidit simul aliter dispositae. Idem orizontes quos dicunt arcticos per differentias dextri atque sinistri apparenter circuit : aliis vero multis supernum atque infernum perlustrare videtur arcum. Hic terrae sui circuitus altum habenti maior apparet : imum vero tenenti (ut potè ab eodem magis elongatae) minor. In aliis emicircuitum portionibus tarde ; in aliis vero velociter absentatur. Hic terrae incum benti in Austrum Borealior : in Boream vero properanti Australior efficitur. Rectum habentibus Orizonta, in lances aequales hinc inde latitudinem recipit ; obliqum vero tenentibus in iniquas. Idem intra duos molis istius medios parallelos

font croire qu'il se meut[1]. Il se lève sur la partie de la terre qui, parce qu'elle tourne, lui est exposée et, simultanément, il se couche sur la partie qui se trouve à l'antipode. Il en va pareillement pour les horizons que l'on appelle arctiques qui paraissent décrire un cercle selon la droite et la gauche, tandis qu'ailleurs, l'arc paraît se déplacer de haut en bas[2]. Le Soleil apparaît plus grand lorsque la Terre est au sommet de son orbite, et plus petit lorsqu'elle est au plus bas (car elle est plus éloignée de lui)[3]. Il disparaît lentement dans certaines régions d'un hémisphère, mais plus rapidement, dans d'autres. Là, pour qui se couche sur la Terre, il suit qu'une région plus Boréale est dans une région plus Australe, tandis que, pour qui se hâte, une région plus Australe est une région plus Boréale. Pour ceux qui regardent l'horizon suivant la ligne droite, la latitude gauche et la latitude droite sont égales,

1. L'argument relatif à l'illusion des sens, ici dirigé contre le géocentrisme, sert le plus souvent à défendre la thèse de l'infinité de l'univers (rapportant l'apparente concavité du ciel à un effet de perspective) : *De l'infini*, dial. 1, p. 58-60 : « Il n'y a pas de sens qui voie l'infini, il n'y a pas de sens dont on puisse exiger cette conclusion, parce que l'infini ne peut être objet des sens ; ainsi qui demande à le connaître par la voie des sens ressemble à qui voudrait voir avec les yeux la substance et l'essence. [...] C'est à l'intellect qu'il convient de juger et de rendre raison des choses absentes et séparées par distance de temps et intervalle de lieux. Ce qui suffit à le montrer, et qui donne des sens un témoignage bien suffisant, c'est qu'ils ne peuvent nous contredire, et qu'en outre ils confessent et rendent évidentes leur faiblesse et leur insuffisance en suscitant, avec leur horizon, une apparence de finitude dont la formation fait voir de surcroît combien ils sont inconstants ». Voir aussi *De immenso*, I, 4 ; *OLC*, I, 1, p. 214.

2. Le propos est expressément copernicien. Sur le mouvement apparent du soleil qui paraît se déplacer d'orient en occident sous certaines latitudes, mais de haut en bas au voisinage des pôles, voir *De immenso*, II, 3 ; *OLC*, p. 264 : « [sol] modo sursum fit a nostro, modo deorsum ab antipodo horizonte, modo dexter, modo sinister, sicut habitanti sub polo : modo in mediis inter sursum atque deorsum differentiis, ut iis qui plus minusque ab aequatore distant atque polis ».

3. Bruno rapporte la taille apparente du Soleil à la révolution annuelle de la Terre et aux variations associées au mouvement des épicycles. La thèse est contestée par Osiander dans le passage de sa Préface au *De revolutionibus* de Copernic traduit par Bruno dans *Le Souper des Cendres* : « Par conséquent, non seulement il n'est pas nécessaire que ces suppositions soient vraies, mais elles peuvent même être invraisemblables. Telles doit-on estimer les hypothèses de notre auteur [Copernic] ; à moins qu'on ne soit assez ignorant en optique et en géométrie pour croire que l'écart de quarante degrés et davantage que peut atteindre Vénus en s'éloignant du Soleil, tantôt d'un côté, tantôt de l'autre, puisse être causé par son mouvement dans l'épicycle. Si tel était le cas, qui serait assez aveugle pour ne pas voir les conséquences qui en découleraient contrairement à toute expérience ? Le diamètre de la planète apparaîtrait quatre fois plus grand –et le corps de la planète seize fois plus grand – lorsqu'elle est toute proche, à l'opposé de son augée, que lorsqu'elle est très éloignée et, comme on dit, atteint son augée » (*Cena*, III, p. 128). L'argument d'Osiander est ensuite discuté : « Smitho : Voilà qui est bien. Mais que veut dire, je vous prie, l'argument que fait valoir cet huissier de Copernic, quand il croit plus vraisemblable (sinon vrai) que la taille de la planète doive varier autant que sa distance ? Teofilo : Ce fou craint que la doctrine de Copernic n'affole certains lecteurs, mais il fait tout pour cela. Je ne sais s'il aurait pu, au besoin, fournir des arguments plus embarrassants que celui-là, dont l'expression si solennelle lui paraît suffire à démontrer qu'il faut être par trop ignorant en optique et en géométrie pour se rallier à une telle opinion. Je voudrais savoir quelle optique et quelle géométrie il a en tête, cet animal, qui ne montre pas trop clairement combien lui-même et ses maîtres ignorent l'optique et la géométrie véritables » (*Cena*, p. 132). Même idée dans l'Intention XXVI.

spacium incolentibus perpetuo commensuratas luci tenebras tribuit : caeteris autem tempore definito. Ipsi si diva tellus suo nos dorso enutriens, nostrum frontem obiiciat, obliquos eius radios nobis impetrabit : iis autemrectos quorum capitis verticem supposuerit. Ad ipsum quoque quaedam admota mundi corpora, (quae multi intelligunt esse animalia deòsque sub uno principe secundos) ipsius ab auge vel apogio (quod appellant) lumen conceptant ; caeteris habentibus ipsum in opposito, vel mediis (ut vocant) latitudinibus et intervallis. Eiusdem totius luna (quam aliam intelligunt philosophorum plurimi esse terram) in suo ad illum converso hemisphaerio liberum concipiente lumen : haec illius globi interpositione tristis umbratam ad eundem conversam, averso hemisphaerio lunae commonstrat faciem. Unus ergo idemque perpetuo Sol perseverans atque manens, aliis atque aliis ; aliter atque aliter dispositis ; alius efficitur atque alius. Haud secus solarem artem istam aliis, aliisque, aliam atque aliam futuram crediderimus.

PHILOTHIMUS. Quid est Hermes quod tecum ipse loqueris ? qui nam libellus est, quem prae manibus habes ?

alors qu'elles sont inégales pour ceux qui regardent l'horizon suivant une ligne oblique. Le même Soleil distribue sans discontinuer les ténèbres et la lumière à proportion égale pour ceux qui habitent l'espace de cette masse située entre les deux parallèles, mais différemment et à des moments définis pour tous les autres. Si la divine Terre nous nourrit sur son dos, elle expose notre front et nous expose à des rayons <solaires> obliques; mais pour ceux qu'elle aura placés dessous, à des rayons droits à la verticale des têtes. Certaines planètes du monde, que beaucoup conçoivent comme des êtres vivants et des dieux seconds obéissant à un principe unique, reçoivent aussi cette lumière en fonction de leur augée ou de leur apogée[1] comme on dit; quant à tous les autres corps en mouvement qui se situent à son opposé, ils la reçoivent en fonction des latitudes moyennes (comme ils les nomment) et des intervalles. La Lune (que de très nombreux philosophes conçoivent telle une seconde Terre)[2] reçoit la lumière solaire, libre et entière, quand son hémisphère se tourne vers le Soleil, mais elle tourne sa face vers l'obscurité quand le globe terrestre interpose tristement son ombre entre elle et la lumière sur l'autre hémisphère lunaire. Donc le même Soleil, persévérant et permanent, peut aussi changer de position, tantôt ici tantôt ailleurs, en fonction de la localisation de son site. Il n'en va pas autrement de cet art solaire qui, en fonction des uns et des autres, sera lu différemment, croyons-nous[3].

PHILOTHIMUS. Pourquoi parles-tu tout seul, Hermès? Quel est ce petit livre que tu as dans les mains?

1. Apogée : point le plus haut de l'épicycle. On retrouve une définition dans le *De revolutionibus* de Copernic, *cf.* N. Copernicus, *De revolutionibus libri sex*, III, 15 : « ...sitque apogaeum in A, quod a Latinis summa absis vocatur, remotissimus a centro mundi locus, D vero perigeum, quod est proximum et infima absis ». Dans le *Souper des cendres* (*Cena*, IV, p. 222-231), Bruno explique que l'on ne saurait parler d'apogée du soleil dans un système héliocentrique : s'il continue à le faire, comme Copernic, c'est à des fins pédagogiques et méthodologiques, et pour mieux se faire entendre de ses adversaires.

2. *De l'infini*, V, p. 356, où la Lune est qualifiée d'« anti-terre par Timée et les autres pythagoriciens », et *De monade*, V; *OLC*, p. 394. La source se trouve chez Aristote, *Du ciel*, II, 13, 293a 20-24 : « De plus, ils <les pythagoriciens> forgent une autre Terre, contraire à celle-ci, à laquelle ils donnent le nom d'*antiterre* ». Voir aussi *Métaphysique*, A, 5, 986a 4. Parmi les nombreuses références, voir Cicéron, *Acad.*, II, 39, 123 : « Habitari ait Xenophanes in luna, eamque esse terram multarum urbium et montium ... » ; Ficin, *In Timeum commentarium :* « Luna vicissim elementorum praefert conditiones, soliditate quadam resistit luci quasi terra : hinc Orpheus Lunam terram appellat coelestem » (*Opera omnia*, Bâle, 1576, II, p. 1463).

3. Ce développement d'inspiration copernicienne consacré au mouvement apparent du soleil montre comment le même soleil, en lui-même immobile, est perçu de manière différente.

HERMÈS. De umbris Idearum ad internam scripturam contractis liber est, de quo sum anceps ; an prodire debeat, an perpetuo sub eisdem, in quibus olim latuit, tenebris perseverare.

PHILOTHIMUS. Cur hoc ?

HERMÈS. In signum siquidem (ut aiunt) sese effert ipsius author in quod non unius generis armati collimant Sagittarii.

PHILOTHIMUS. Id quidem si omnibus esset formidandum atque precavendum, nemo unquam digna pertentasset opera : nihil unquam bonum atque egregium prodiisset in conspectum. Non cessat providentia deorum,

Hermès. Il s'agit du livre renfermant le traité *Des Ombres des idées* relatif à l'écriture intérieure[1], mais je ne suis pas certain de devoir le produire au grand jour ou le conserver encore dans les ténèbres qui le tiennent caché depuis longtemps.

Philothimus. Pourquoi ?

Hermès. Parce que l'auteur s'est exposé lui-même à servir de cible[2], et parce que les archers ne visent pas à l'aide d'un seul type d'armes[3].

Philothimus. Certes, mais s'il fallait tout redouter et prendre garde à tout, nul ne s'essaierait jamais à aucune œuvre digne ; jamais rien de bien ni de remarquable ne serait produit. La providence des dieux ne cesse (comme le

1. Définition de l'art de la mémoire comme « écriture intérieure ». Voir Cicéron, *De oratore*, II, LXXXVI, 354 : « Aussi pour exercer cette faculté de l'esprit, doit-on, selon Simonide, choisir en pensée des emplacements distincts, se former les images des choses que l'on veut garder en mémoire, puis ranger ces images dans les divers emplacements. Alors l'ordre des lieux conserve l'ordre des choses : les images rappellent les choses elles-mêmes. Les lieux sont les tablettes de cire et les images, les lettres qu'on y trace ». Voir aussi *Ad Herenn.* III, 17, 30 : « loci enim cerae aut chartae simili sunt, imagines litteris, dispositio et collocatio imaginum scripturae » (« Les lieux, en effet, sont semblables à la cire ou au papier ; les images, aux lettres ; la disposition et l'arrangement des lieux, à l'écriture »). Dans l'*Ars memoriae* du *De umbris* (*OLC*, II, 1, p. 61-62 ; *Op mn.* I, p. 134), Bruno explique comment la mémoire locale prolonge les améliorations de la technique graphique : « Nous sommes passés, dis-je, des couteaux aux stylets, des stylets aux éponges, des éponges aux roseaux, des roseaux à la plume et des plumes, aux lettres fondues dans le plomb. La même chose, selon nous, paraît être arrivée avec l'écriture intérieure, depuis les anciens temps, où cette activité humaine fut inventée par le poète Simonide ou par quelque autre : ils firent usage des lieux et des images en lieu et place du papier et de l'écriture, substituant à l'écrivain et à la plume l'acte de la fantaisie et de la cogitative, afin de graver dans le livre intérieur les espèces à mémoriser. Ceux qui compareront notre traité aux témoignages concernant <l'art de Simonide> pourront juger de ce que nous ajoutons à cette pratique ». Plus loin (*Ars memoriae*, I, § 17 : *OLC*, II, 1, p. 66 ; *Op mn.*, I, p. 142), Bruno associe la peinture à l'écriture : « Car cet art est une peinture intérieure (*pictura intrinseca*), parce qu'elle produit les images des choses et des ouvrages à mémoriser. Elle est aussi une écriture intérieure (*scriptura intrinseca*) parce qu'elle met en ordre les notions et les mots et qu'elle <leur> attribue des signes, des marques et des caractères (*signa, notas et characteres*) ».

2. *In signum* : voir *Job*, 16, 13 : *et posuit sibi quasi in signum* (« il m'a redressé pour lui servir de cible ») et *Luc*, 2, 34 : *et positus est hic in ruinam et resurrectionem multorum in Israel et in signum, cui contradicetur* (« comme un signe qui provoquera la contradiction »).

3. Hermès annonce l'énumération des diverses objections contre les arts de la mémoire.

(dixerunt Aegyptii Sacerdotes) statutis quibusquam temporibus mittere hominibus Mercurios quosdam; etiam si eosdem minime vel male receptum iri precognoscant. Nec cessat intellectus, atque sol iste sensibilis semper illuminare, ob eam causam quia nec semper, nec omnes animadvertimus.

LOGIFER. Facile ipsis consenserim qui res eiusmodi minime vulgandas esse censerent : Philotimum audio hac de re dubium, qui si ea auribus percepisset, quae nos percepimus, certe potius haec cremanda in ignem proiiceret, quam publicanda curaret. Haec enim doctori suo hactenus haud iucundam attulere messem : nunc ignoro quid nam sit quod in posterum sperare possit, praeter enim perpaucos, qui haec per se ipsos intelligere possunt, rectum de ipsis iudicium inferre minimè poterunt.

PHILOTHIMUS. Audis quae dicit iste ?

HERMÈS. Audio, sed ut plus audiam, inter vos ipsos discutite.

PHILOTHIMUS. Disceptabo igitur tecum Logifere et illud primum dixerim : dictum tuum nullius esse persuasionis quin potius tuae rationis nervus oppositam valeat firmare sententiam. Ii enim pauci, qui huius inventionis intelligentiam fuerint assequti, de quorum numero ego Hermèsque sumus : non modicis efferrent laudibus : qui verò ipsum minime intellexerint, nec laudare poterunt, nec vituperare.

dirent les prêtres égyptiens) d'envoyer aux hommes certains Mercures[1], en certains temps déterminés, même si <les dieux> savent par avance qu'ils ne seront que peu écoutés et mal compris. Pas plus que l'intellect et le Soleil sensible ne cessent de briller, parce que nous ne l'apercevons pas tous ni toujours[2].

LOGIFER. Je serais aisément d'accord avec ceux qui estiment que ces choses ne doivent absolument pas être divulguées : je comprends que Philothimus ait des doutes à ce sujet, mais si ses oreilles entendaient ce que nous entendons, il se garderait assurément de les publier et se soucierait plutôt de les jeter au feu pour qu'elles y brûlent. Jusqu'à présent, ces choses n'ont <jamais> rien apporté de bon à leurs auteurs, et j'ignore ce qu'on peut en espérer à l'avenir ; à l'exception du petit nombre capable de comprendre ces matières par eux-mêmes, les autres ne sauraient porter aucun jugement correct sur elles.

PHILOTHIMUS. Entends-tu ce qu'il dit ?

HERMÈS. J'entends, mais je voudrais en entendre davantage ; tranchez le différend entre vous !

PHILOTHIMUS. Je débattrai donc avec toi Logifer, et je pourrai dire d'abord cela : ton argument ne donne aucune force persuasive à ta raison, mais consolide plutôt la fermeté de l'opinion contraire. Le petit nombre de ceux qui ont acquis l'intelligence de cette invention, parmi lesquels Hermès et moi-même,

1. C'est-à-dire des messagers ou des prophètes. Les Mercures représentent les personnages exceptionnels qui communiquent aux hommes des arts et qui ouvrent l'accès à une connaissance émancipatrice. Ainsi le portrait du « Nolain » [Bruno lui-même], au début du *Souper des Cendres* (*Cena*, p. 47), opposé aux imposteurs qui se présentent comme « des Mercures et des Apollons descendus du ciel » : « Dans une perspective tout opposée, le Nolain a libéré l'esprit humain et la connaissance qui, recluse dans l'étroit cachot de l'air turbulent, ne pouvait contempler qu'à grand-peine, comme par de petits interstices, les étoiles dans l'immensité, empêchée par ses ailes coupées de voler dans les nuages pour en déchirer le voile, elle ne pouvait observer ce qui se passait vraiment en haut, ni se libérer des chimères de ces imposteurs aux multiples visages, sortis de la fange et des cavernes de la terre, qui en se donnant pour des Mercures et des Apollons descendus du ciel, ont présenté comme autant de vertus, d'idées divines et de savoirs disciplinés, les innombrables folies, bestialités et vices dont ils ont rempli le monde ».

2. Voir par exemple *Sigillus sigil.*, I, 31 : « Mais les platoniciens hésitent au sujet de l'intellect, parce que nous n'en faisons pas toujours usage, et parce qu'il est séparé, – séparé, disent-ils, puisque ce n'est pas lui-même qui se tourne vers nous, mais plutôt nous qui nous tournons vers lui en regardant vers le haut. Mais ils se trompent et sont trompés en parlant ainsi ; il serait plus juste de dire qu'aussi bien, pour intelliger, nous l'appelons à nous et qu'il nous appelle à lui, et par conséquent qu'il est nôtre et que nous sommes siens. Nous sommes toujours siens, parce qu'en nous illuminant sans cesse, il nous tient constamment présents, bien qu'il ne soit pas lui-même constamment présent à nous, et bien qu'il ne soit donc pas toujours nôtre puisque nous n'intelligeons pas toujours, et que nous ne sommes pas toujours illuminés ».

LOGIFER. Dicis quod esse debet : non quod erit, est, atque fuit. Multi cum non intelligant, ob id ipsum quod non intelligunt, insuper et ex iniquo, quo aguntur animo, multas adversus authorem ipsum et artem adglomerant calumnias. Nonne auribus tuis doctorem Bobum audisti, qui nullam dixit esse memoriae artem : sed eam consuetudine tantum et crebra excursuum repetitione, quae fit visa multoties revidendo, auribusque percepta multoties recipiendo, comparari ?

PHILOTHIMUS. Huic si cauda foret, cercopitecus erat.

LOGIFER. Quid respondebis Magistro Anthoc, qui eos, qui praeter vulgares edunt memoriae operatione, putat magos vel energumenos vel eiusce generis alicuius speciei viros ? Vides quantum in litteris insenuerit ille.

PHILOTHIMUS. Hunc non dubitaverim esse nepotem illius asini qui ad conservandam speciem fuit in Archa Noe reservatus.

LOGIFER. Et magister Roccus artium et medicinae archymagister, qui Empyricam mavult quam doctrinalem memorativam, nugas putaret ista potius, quàm artificiosas praeceptiones.

PHILOTHIMUS. Non ultra matulam.

LOGIFER. Dixit unus ex antiquis doctoribus hanc artem omnibus esse non posse perviam preterquam iis qui memoria pollent naturali.

PHILOTHIMUS. Depontana sententia.

LOGIFER. Pharfacon iuris utriusque doctor et philosophus grammeus sentit hanc artem gravare potius quam relevare, nam ubi sine arte recolendae sunt res : iam cum arte obligamur recolere res, locos, et imagines plurimas, quibus nulli dubium est magis memoriam naturalem confundi et implicari.

n'ont pas tari d'éloges; mais ceux qui n'y comprirent rien ne purent ni la louer ni la blâmer[1].

LOGIFER. Tu dis ce qui doit être, non ce qui est, a été et sera. Comme ils sont nombreux à ne pas comprendre, pour cela même qu'ils ne comprennent pas et de surcroît parce qu'un esprit injuste les y pousse, ils accumulent maintes calomnies contre l'auteur lui-même et son art. N'as-tu pas entendu le docteur Bobus prétendre qu'il n'y a pas d'art de la mémoire? que la mémoire est seulement l'effet de l'habitude et de la fréquente répétition de la leçon, qu'elle ne consiste qu'à revoir souvent ce qu'on a déjà vu, et à réécouter souvent ce qu'on a déjà entendu?

PHILOTHIMUS. S'il avait une queue, il serait un singe[2]!

LOGIFER. Et que répondras-tu au maître Anthoc qui regarde ceux qui élèvent les opérations de leur mémoire au-dessus du commun des hommes, comme des mages, des possédés ou comme relevant de quelque autre espèce de ce genre[3]? Manifestement, l'étude des lettres l'a rendu sénile.

PHILOTHIMUS. Je ne serais pas étonné qu'il soit le petit-fils de cet âne auquel Noé réserva une place dans son Arche pour la conservation de l'espèce!

LOGIFER. Et Rocco, maître ès arts et archimaître de médecine, qui préfère la mémoire empirique à la mémoire théorique, pensera qu'il s'agit là de sornettes plutôt que de préceptes techniques.

PHILOTHIMUS. Il ne vaut guère mieux qu'un pot de chambre!

LOGIFER. L'un de ces antiques docteurs a déclaré que cet art ne pouvait être accessible à tous, excepté à ceux qui sont pourvus d'une bonne mémoire naturelle.

PHILOTHIMUS. Propos séniles!

LOGIFER. Pharfacon, docteur dans les deux droits et philosophe grammairien, pense que cet art alourdit l'esprit plus qu'il ne le soulage; en effet, alors que, sans l'art, l'esprit ne s'applique qu'aux choses, nous sommes obligés avec l'art de l'appliquer non seulement aux choses, mais également

1. Philothimus répond à Logifer qui cherche à dissuader de rendre public l'art de la mémoire : ceux qui ne le comprennent pas ne sauraient en juger. Logifer répond que les choses se passent autrement : l'art sera calomnié par les ignorants. Il énumère alors une série de critiques contre les systèmes de mnémotechnique.

2. Martial, *Epigr.*, XIV, 202, 2 : « Si mihi cauda foret, cercopithecus eram ».

3. L'argument du docteur Bobus regardait l'inutilité de la mémoire technique, celle de maître Anthoc range la mémoire au nombre des pratiques illicites relevant de la magie dite noire ou démonique.

PHILOTHIMUS. Crysippi acumen, et sententia ferreo ingentique pectine carminanda.

LOGIFER. Dixit doctor Berling ex istius oratione etiam doctissimos, demetere nihil posse, credo quia nil ipse demetit.

PHILOTHIMUS. Sub illis echinis ulla ne castanea ?

LOGIFER. Magister Maines et si omnibus placeat inquit, mihi nunquam placebit.

PHILOTHIMUS. Nec vinum quod nunquam gustabit.

LOGIFER. Ille, quem nosti amicum tuum, quid putas hac de re, sentiet ?

PHILOTHIMUS. Sepiae atramentum additum lucernae facit homines Aethiopa videri ; vitiata quoque livore mens turpia iudicat etiam aperte pulchra.

LOGIFER. Excelsum quoque Magistrum Scoppet inter huius nostrae tempestatis, medicos facilè principem, ferunt dixisse authori : ut suam illi memoriam ostenderet priusquam artem, quod dubium est an dedignans, an impotens ille praestare noluerit.

PHILOTHIMUS. Si dixisset illi ostende mihi urinam tuam priusquam solidiora contempler excrementa : fortasse morem illi gessisset author noster, hospitalius enim et urbanius, et pro sua dignitate, suo officio, et arte convenientius illum excepisset.

LOGIFER. Quid dicemus de Magistro Clyster doctore medico quem non fas est proxime dicto cedere, nihil enim differt ab eodem qui ex Aknaldo et Tiberide vult magis super obliviosum linguam upupae impositam, tenacissimam ferenti memoriam conferre.

PHILOTHIMUS. Dixit Aristoteles. cytharizando fit cytharaedus. Si quis huic miserrimo (ipso quod habet extracto) aliud superimposuerit cerebrum, forsitan medicando fiet medicus.

à un grand nombre de lieux et d'images, lesquels contribuent sans nul doute, à embrouiller et confondre la mémoire naturelle.

PHILOTHIMUS. Subtilités de Chrysippe. Cette opinion mériterait d'être peignée avec un peigne énorme et en acier !

LOGIFER. Le docteur Berling, homme parfaitement érudit, a soutenu qu'on ne peut rien récolter à partir de cet art, pour cette seule raison, je pense, qu'il n'en a rien tiré !

PHILOTHIMUS. Sous la bogue épineuse, n'y a-t-il pas une châtaigne ?

LOGIFER. Maître Maines dit : même si cela plaît à tous, cela ne lui plaira jamais.

PHILOTHIMUS. Ni le vin qu'il ne goûtera jamais.

LOGIFER. Lui, que tu sais être ton ami, que crois-tu qu'il pensera sur ce sujet ?

PHILOTHIMUS. Souvent l'encre ajoutée à la lampe fait que les hommes ressemblent à des Éthiopiens [1] ; de même une intelligence altérée par la jalousie juge que des choses honteuses sont ouvertement belles.

LOGIFER. On rapporte aussi que l'éminent maître Scoppet, premier sans conteste parmi les médecins de notre époque, a dit à notre auteur de lui montrer son art de la mémoire avant de déterminer si c'est le dédain ou l'impuissance qui l'emporte chez ce dernier.

PHILOTHIMUS. S'il lui avait dit : « montre-moi ton urine … avant de contempler des excréments plus consistants », peut-être que notre auteur aurait été traité avec plus d'hospitalité et d'urbanité, et aurait reçu plus convenablement eu égard à sa dignité, sa fonction et son art !

LOGIFER. Que dire de maître Clyster, docteur en médecine pour qui il n'est pas permis de concéder à un discours trop proche <du sien>, mais dont le propos ne diffère en rien de qui, sur la base d'Aknaldo et Tibéride, veut que la greffe de la langue de la huppe sur l'oublieux rende sa mémoire plus solide ?

PHILOTHIMUS. Aristote dit que c'est « en jouant de la cithare, que l'on devient musicien » [2]. Si quelqu'un greffait à ce misérable une autre cervelle (après lui avoir retiré la sienne), peut-être deviendrait-il médecin en pratiquant la médecine !

1. Agrippa, *De occulta philosophia*, I, 49, éd. V. Perrone Compagni, Leiden-New York, Brill, 1992, p. 179.

2. *Éthique à Nicomaque*, II, 1, 1103a34.

LOGIFER. Dixit quoque doctor Carpophorus ex Proculo et Sabino itacense Mentis et memoriae sedem tripliciter distinctam. Inter pup[p]im enim atque proram pinea media est : quae cum memoria quippiam repetere instamus patefacta ; à prora ad puppim spiritui animali aditum praestat. Porro nunquam animalis spiritus nisi serenus, lucidus, et clarus pertransit. Hinc immodica frigid[it]ate obtusus memoriam nostram hebetem reddit atque languidam. Quae quidem frigiditas si fuerit cum siccitate coniuncta : immodicas vigilias afferet et insomnia : si cum humiditate lethargum. Ad quae propulsanda, sunt per artem haec excogitata. Exercitium sensus revocans et excitans, et spiritus turpi vecordia, et ocio consopitos quasi expergefaciens. Moderatus coitus. Propulsata tristitia et voluptate laetitia revocata. Meatuum corporis omnium purgatio. Eburneo pectine asperóque panno capitis confricatio. Leviorum, vel lymphatorum vinorum usus, ne venae hiantes vini vehementia sanguinem exurant. Stomachi rebus naturaliter vel artificialiter stipticis occlusio, ne fumositas è stomacho cibi ebullitione evaporans, mentem ingeniumque obscurans somnum excitet. A frigidis humidisque cibariis ut à piscibus in genere, cerebro, atque medullis abstinentia, non minus quam ab acutis atque fumosis porris raphanis, alleis, coep[is] quaeigne non fuerint digesta. Rerum aromaticarum usus. Capitis atque pedum cum aquae decotione, in qua Melissa, Laurifolia, Foeniculi, Camomillae, Cannae similiaque ferbuerint, abstersio. Pythagorica exercitatio quae nocturno fiat crepusculo, utpotè memoriae menti ingeniόque maxime conferens. Haec sunt quae memoriam possunt relevare, eaque quae Democritus Archigene[s] Alexander et Andronicus Peripateticus literarum monumentis tradidere, non artes istae nugatoriae, quae nescio quibus imaginibus et figuris solidam seiactant conflare memoriam.

PHILOTHIMUS. Alienum sermonem, ruditu proprio conclusit ; Psithacum egit venerabilis doctor, et Asinum.

LOGIFER. Dixit Magister Arnophagus iuris legumque peritus, et apprime probatus, plurimos esse doctos qui eam non habent peritiam, haberentque si qua esset.

LOGIFER. Le docteur Carpophorus a également dit, après Proclus et Sabinus, que l'intelligence et la mémoire résident dans trois lieux distincts. En effet, entre la poupe et la proue se trouve au milieu la glande pinéale qui, nous insistons, évoque en quelque façon les choses découvertes avec la mémoire ; de la proue à la poupe, l'accès est garanti pour l'esprit animal. En outre, ce dernier ne circule jamais à moins d'être pur, lumineux et clair. De là que, émoussé par une froideur excessive, il rende notre mémoire molle et engourdie. Et si cette froideur est associée à de la sécheresse, elle produira des veilles et des insomnies démesurées ; si elle est associée à l'humidité, elle produira la léthargie. Pour que ces excès soient éloignés, voici les solutions inventées au moyen de l'art. S'exercer à rappeler et stimuler les sens, et, pour ainsi dire, tirer les esprits assoupis de leur démence honteuse et de leur oisiveté. Pratiquer modérément le coït. Ce qui a pour effet de repousser la tristesse et la volupté, et de ramener la joie. Purger tous les orifices du corps. Frotter la tête avec un peigne d'ivoire et des bandes rugueuses. Boire du vin léger ou mêlé à de l'eau, afin que les veines dilatées par le vin ne brûlent pas le sang sous l'effet de l'alcool trop intense [1]. Éviter naturellement ou artificiellement la surcharge de l'estomac avec des matières astringentes, afin que les fumées qui s'évaporent de l'ébullition de la nourriture dans l'estomac ne suscitent pas le sommeil, lequel obscurcit l'intelligence et l'esprit [2]. S'abstenir de nourritures froides et humides, comme le poisson en général, la cervelle ou la moelle, mais aussi les poireaux piquants ou fumés, les radis, l'ail, les oignons, qui n'ont pas été dissous par la cuisson. User de substances aromatiques. Nettoyer la tête et les pieds avec une décoction d'eau, où la mélisse, la feuille de laurier, le fenouil, la camomille, la canne, et autres plantes semblables, ont bouilli. S'exercer comme les pythagoriciens au crépuscule de la nuit, en tant que cela profite énormément à la mémoire pour l'intelligence et l'esprit. Tels sont les conseils à même de soulager la mémoire, du moins ceux qui furent rapportés par ces monuments littéraires que sont Démocrite, Archigénus, Alexandre et Andronicus le péripatéticien. Pas futiles ces arts qui, grâce à je ne sais quelles images et figures, s'appliquent à forger la mémoire !

PHILOTHIMUS. Il cite les propos d'autrui, mais il conclut avec son propre braiement ; le vénérable docteur a joué les rôles du perroquet et de l'âne !

LOGIFER. Maître Arnophagus, expert en droit et lois, et estimé entre tous, a dit qu'un très grand nombre de doctes ne possèdent pas l'habileté, mais qu'ils l'auraient si elle existait !

1. Ficin, *De triplici vita*, II, 7.
2. *Ibid.*, II, 4.

PHILOTHIMUS. Puella ratio non adhuc dentiens : propterea denti frangibulum non adducimus.

LOGIFER. Artem Tullii, Thomae, Alberti, Alulidis, aliorumque obscurorum authorum se vidisse, et ex eisdem nullum se elicere potuisse succum protestatur Doctissimus Theologus et subtilissimus literarum patriarcha magister Psicoteus.

PHILOTHIMUS. Iudicium primae tonsurae.

LOGIFER. Et ut uno verbo tandem omnia complectar : varii varie sentiunt, diversi diversa dicunt, quot capita tot sententiae.

PHILOTHIMUS. Et tot voces. Hinc corvi crocitant, cuculi cuculant, lupi ululant, sues grundiunt, oves balant, mugiunt boves, hinniunt equi, rudunt asini. Turpe est dixit Aristoteles solicitum esse ad quemlibet interrogantem respondere, boves bobus admugiant ; equi equis adhinniant, asinis adrudant asini ; nostrum est colloquio aliquid circa istius hominis inventionem pertentare.

LOGIFER. Recte quidem. Placeat igitur Hermeti librum apperire, ut ipsius authoris sententias consideremus.

HERMÈS. Libentissime faciam. En operis prophoemium lego. Neminem (inquit) latere existimo multas memorativas artes ab aliis editas, quarum omnes atque singulae iisdem prorsus canonibus utentes, in eadem ferme difficultate versantur : qua de re consultum fuit nobiscum, ut potius inventionis istius fruges proponeremus, quibus gravius, facilius, atque expeditius negocium adeò illustre, pro arte tam desiderabili consequenda tractaretur. Diuturnam exercitationem antiquiores institutiones perquirendo : ab earum prosecutione atque studio ingenia foeliciora importunius abigebant : minus enim durantia et (ut rem apertiusinsinuem) magis impatientia, quo magis subtilia promptioraque sunt ingenia, quorum quibusdam magis omnia tangere, quam unum apprehendere consulitur.

PHILOTHIMUS. Ce raisonnement ressemble à une petite fille dont les dents n'auraient pas encore poussé : aussi ne donnerons-nous à ses dents quelque chose à casser.

LOGIFER. Maître Psicoteus, le théologien le plus savant et le patriarche le plus pénétrant des lettres, déclare hautement qu'avoir lu les arts de Tullius, Thomas, Albert, Alulidus, et d'autres écrivains obscurs, ne lui a nullement permis d'en extraire le suc.

PHILOTHIMUS. Jugement de première tonsure !

LOGIFER. Et pour résumer finalement tout cela en un seul mot : des gens divers pensent différemment, des gens différents parlent différemment : autant de personnes, autant d'avis [1].

PHILOTHIMUS. Et autant de voix ! De là vient que les corbeaux croassent, les coucous coucoulent, les loups hurlent, les porcs grognent, les brebis bêlent, les bœufs beuglent, les chevaux hennissent, et les ânes braient. Aristote a dit qu'il est honteux de presser <quelqu'un> de répondre à n'importe quel interrogateur : les bœufs beuglent aux bœufs, les chevaux hennissent aux chevaux, les ânes braient aux ânes, mais dans cette conversation nous tentons d'énoncer quelque chose de l'invention de cet homme.

LOGIFER. Correct. Donc qu'il plaise à Hermès d'ouvrir son livre, afin que nous puissions considérer les pensées de son auteur.

HERMÈS. Je vais le faire très volontiers. Je commence la lecture du début de l'ouvrage :

« Je pense qu'il n'échappe à personne, dit-il, qu'il existe de nombreux arts de la mémoire publiés par d'autres et que tous ces arts, autant qu'ils sont, font usage des mêmes règles et présentent les mêmes difficultés. Considérant cela, j'ai choisi d'exposer plutôt les fruits de cette invention, et de traiter de manière plus sérieuse, facile et rapide des effets de cet art tant désirable. Les institutions plus anciennes prescrivaient des exercices répétés qui, en raison de l'assiduité et du zèle exigés, repoussaient mal à propos les esprits les mieux disposés : car les esprits sont d'autant moins constants et (pour le dire plus clairement) plus impatients qu'ils sont plus subtils et rapides, et qu'ils préfèrent toucher à tout plutôt que d'embrasser une seule chose. »

1. Cicéron, *De finib.*, I, 15.

PHILOTHIMUS. Illud quod mihi arridet de authore isto est quod non se facit de eorum grege qui aliorum sententias hinc inde in unum colligentes, se pro immortalitate consequenda aliorum impensa in numerum authorum pro posteritate laborantium referunt; et ut plurimum eorum se constituunt doctores, quorum nullam prorsus habent intelligentiam atque rationen : iique multoties facere non possunt : quominus (postquam pellem leonis ex aliorum inventis utcumque sibi adaptaverint) in propriam crebrius, et tandem irrumpant vocem, quando aliquid ex eorum delumbi Marte (quia facile est inventis addere) eiaculantur, vel de penuria stupidi sensus egurgitant. Illa sunt arietes infantiarum, tormenta errorum, bombardae ineptiarum, et tonitrua coruscationes, fulgura, et tempestates magnae ruditatum.

LOGIFER. Non sentis idem de carminilegis et versificatoribus nostris qui alienis inventionibus, hemiversibus et versibus, pro suis se nobis venditant poetis ?

PHILOTHIMUS. Mitte poetas. Sicut enim pro locis scimus longas regibus esse manus, ita et altae longaeque pro locis atque temporibus poetis solent esse voces.

LOGIFER. De versificatoribus dixi, non poetis.

PHILOTHIMUS. Bene, pauci igitur, aut nullus pro se dictum putabit. Sed haec quid ad rem nostram ? Sufficit quod in proposito authorum artis istius fuerit intellectum.

LOGIFER. Non de poetis.

PHILOTHIMUS. Sed cepta prosequamur legas.

HERMÈS

Hinc (ait) cum animum meum ad obsequendum quibusdam amicis meis appulerim post diversi generis alias memoriae artes, quas privatim ad diversos direximus, et iuxta vias varias aliis pro eorum dignitate atque captu communicavimus : hanc ex principiorum virtute, quae continentur in ea aliis omnibus praeferendam, et ex deductis nulli posthabendam compilavimus. In qua nimirum artificium facilé et scientiam pro praxi minimé laboriosam polliceor, librum vero, cum suis sententiis minime omnibus pervium, contra eorum consuetudinem qui libros de haç arte

PHILOTHIMUS. Voilà ce qui me plaît chez cet auteur. Il ne s'est pas fait sur le modèle du troupeau de ceux qui ramassent ensemble les opinions d'autrui glanées de-ci delà et s'en attribuent le mérite pour se rendre immortels aux dépens de tous ceux qui œuvrent pour la postérité. La très grande majorité d'entre eux s'arrogent le titre de docteurs, alors qu'ils sont dénués de toute intelligence et raison. Ils ne peuvent souvent s'empêcher (après avoir revêtu la peau du lion [1] tirée des inventions d'autrui) de faire finalement entendre leur propre voix, de jeter quelque trait de leur Mars faible des reins [2] (car il est aisé d'ajouter aux choses déjà trouvées) ou de régurgiter encore par pénurie de pensée stupide. Ceux-là sont les béliers de l'infantilisme, les catapultes de l'erreur, les bombardes de l'ineptie, les tonnerres, les éclairs, les foudres et les grandes tempêtes de bêtise !

LOGIFER. Ne penses-tu pas la même chose de nos éditeurs de poèmes et versificateurs qui nous vendent comme leurs propres inventions les créations d'autres poètes, leurs vers et leurs hémistiches [3] ?

PHILOTHIMUS. Laisse-là les poètes ! De même que nous savons que selon les lieux les rois ont le bras long [4], de même selon les lieux et les temps, il est courant que les poètes aient la voix haute et longue.

LOGIFER. Je parlais des versificateurs, pas des poètes.

HERMÈS

Voilà pourquoi, dit-il, j'ai appliqué mon esprit à satisfaire aux demandes de certains de mes amis : après avoir composé plusieurs arts de la mémoire adressés de manière privée à plusieurs personnes auxquelles j'avais communiqué des méthodes différentes, conformes à la dignité et à la capacité de chacun, j'ai composé cet art qui est préférable à tous les autres par les principes qui y sont contenus, et qui ne le cède en rien aux autres pour ce qui est des résultats. L'art que je propose est facile : c'est une science dont la pratique demande peu d'efforts, mais c'est aussi un livre qui, par son expression, ne sera

1. Érasme, *Adages*, 266 : *Induitis me leonis exuvium* (« vous me revêtez de la peau du lion ») : « S'employait couramment contre ceux qui entreprennent une tâche qui dépasse leurs facultés et qui se comportent avec plus de fierté qu'il n'appartient à leur condition ».

2. *Ibid.*, 519 : *Nostro Marte* (« Par notre propre Mars ») : « Chaque fois qu'on mène une action sans aucune aide extérieure, grâce à sa propre réflexion et à sa propre énergie, on dit qu'on y est parvenu par ses propres mérites ».

3. Voir *Spaccio*, III, p. 360, comme exemple des méfaits de l'Oisiveté : « Je pourrais parler des versificateurs qui, pour le malheur du monde, veulent passer pour des poètes, de tous ces auteurs de fictions, de tous ces rapporteurs d'histoires anciennes mille fois rapportées ». Voir aussi *Fureurs*, I, p. 68.

4. Érasme, *Adages*, 103 : *Longae regum manus* (« Les rois ont le bras long »).

faciles, atque breves : ipsam vero difficilem, atque prolixam tradidere : istam eruditorum pauci intelligant, intelligentibus autem omnibus usu veniat : sitque quam omnes sive rudes, sive eruditi, facilé scire, et exercere possint : quamque sine doctore, tantum in metaphysicis et doctrinis Platonicorum bene versati possint intelligere : habet enim illud ars ista, quia cum hoc quod complectitur terminis arduis et speculativarum facultatum prae suppositivis, poterit tamen quibuscumque (dummodo prorsus hebetis non sint ingenii) declarari, continet enim propriissimos terminos, et rebus signifficandis maximè accommodatos. Ars ista non simplicem ad memoriae artem confert : sed et ad multarum facultatum inventionem viam aperit et introducit. Propterea meminerint quibus dabitur eius interiora percipere : ut eam pro maiestate non cuicumque sine delectu communem faciant : eiusdemque canones singulis eorum quibus est communicanda pro meritorum capacitatisque facultate, intensius, atque remissius elargiantur expliciti. Super haec noverint in quorum manus ars ista inciderit : nos eius non esse ingenii, ut determinato alienae philosophiae generi simus adstricti : neque ut per universum quamcumque philosophandi viam contemnamus. Neminem quippe eorum qui ad rerum contemplationem proprio innixi ingenio, aliquid artificiose methodicéque sunt moliti, non magnifacimus. Non abolemus Pythagoricorum mysteria : non parvifacimus Platonicorum fides : et quatenus reale sunt nacta fundamentum Peripateticorum ratiocinia non despicimus. Ipsum ea de causa dicimus : ut eorum curam attenuemus qui proprio ingenio aliena volunt ingenia metiri : Cuiusmodi est infortunatum genus illud, quod cum diutius in optimis philosophis elaboraverit : non eo usque proprium promovit animum, ne usque in finem cum proprio careat ingenio : semper utatur alieno; cui tamen magis quam iis qui propriam ignorantes

nullement accessible à tous, contrairement à l'usage de ces auteurs qui traitent de cet art long et difficile dans des livres faciles et brefs. Cet art, peu nombreux sont les savants qui le comprendront, mais il sera utile à tous ceux qui parviendront à le comprendre : il est tel que tous, les ignorants aussi bien que les savants, pourront facilement en prendre connaissance et le mettre en pratique ; ils pourront le comprendre, même sans maître, pourvu qu'ils soient familiers de la métaphysique et de la doctrine des platoniciens. Bien qu'il contienne des termes ardus et présuppose une capacité de réflexion, il pourra néanmoins être enseigné à tous (à ceux du moins dont l'esprit n'est pas stupide), car les termes qu'il contient sont parfaitement appropriés et tout à fait adaptés aux choses à signifier. Cet art ne concerne pas seulement l'art de la mémoire ; il ouvre également la voie et introduit à l'invention de nombreuses facultés [1]. C'est pourquoi ceux qui l'auront appréhendé de l'intérieur, se souviendront de ne pas le communiquer sans discernement à tous, en raison de sa dignité. Mais à ceux auxquels il doit être communiqué, du fait des ressources de leur mérite et de leurs capacités, chacun_tâchera d'en expliciter largement les règles de manière plus attentive et détendue. En outre, tous ceux qui auront cet art entre les mains verront que notre esprit n'est pas limité à un genre déterminé de philosophie emprunté à autrui, et que nous ne méprisons, en général, aucune manière de philosopher [2]. Nous ne faisons grand cas de personne parmi ces <philosophes> qui n'ait appliqué son intelligence à la contemplation des choses, et n'ait en outre entrepris quelque œuvre avec art et méthode. Nous n'abolissons pas les mystères des pythagoriciens. Nous ne déprécions pas la foi des platoniciens, et pour autant qu'elles tirent leur origine d'un fondement réel, nous ne méprisons pas les ratiocinations des péripatéticiens. Nous disons cela afin de rassurer ceux qui veulent mesurer l'intelligence d'autrui à l'aune de leur propre intelligence. Au nombre de ces infortunés, il faut compter celui qui s'est longtemps appliqué à l'étude des meilleurs philosophes sans parvenir à développer son propre esprit ; si bien que finalement, pour peu que son intelligence lui fasse défaut, il aura toujours recours à celle d'autrui. Il faut davantage le plaindre que ceux qui ignorent leur propre indigence d'esprit et osent des choses qu'ils ne devraient pas oser :

1. Voir *Cantus Circ.* (*OLC*, II, 1, p. 215 ; *Op mn.* I, p. 658) : « Quandoquidem ars ista adiuvat omnes alias et ostendit viam et patefacit aditum ad inventiones alias plurimas : siquidem ita faciet ad memoriam, ut etiam maxime conferat ad iudicium » (« Puisque cet art favorise tous les autres et qu'il ouvre la voie et montre l'accès à plusieurs autres inventions, le bénéfice qu'il donne à la mémoire favorisera aussi grandement le jugement »).

2. Voir *Causa*, III, p. 200 : « Pour ce qui est, d'autre part, de la manière de philosopher, il ne sera pas moins avantageux d'expliquer les formes comme à partir de quelque chose de compliqué, que de les distinguer comme à partir d'un chaos, ou que de les distribuer comme depuis une source idéelle, ou que de les faire passer à l'acte comme à partir d'une possibilité, ou que de les tirer comme d'un sein, ou que de les mettre au jour comme hors d'un aveugle et ténébreux abîme : car tout fondement est bon, s'il est justifié par l'édifice ; toute semence convient, si l'arbre et les fruits sont désirables ».

paupertatem audent non audenda ; compatiendum est et quadam ex parte (nisi ex incuria remaneat) est laudandus. Isti similes cum fuerint Aristotelico repleti spiritu (ut iam vocales et progressivos libros liceat videre. ubi audierint vel legerint. De umbris Idearum : iam verbo haerebunt dicentes, ideas esse somnia, vel monstra. Quas esto concesserimus, quaeritur an quod rerum naturae conformatur, convenienter dicatur currere sub umbris idaearum ? Rursum ubi incurrerint locum ratiocinantis animae. Iordane (inquient) iam animam texere dicis vel filare. Similiter et in aliis quibusdam buccas inflantes, per internum quendam hostem a fructus istius disciplinae participatione divertentur. Quibus hoc manifestari volumus. Nos quoque in iisdem cum minus saperemus versasse animum, tunc enim (ut par erat) fide ad scientias captandas utebamur. Nunc vero ubi superum beneficio, acquisitis et inventis ad ulteriores proprios actus uti possumus citra contradictionis iustam notam : Si commodus est Platonicus terminus et intentio commoda : acceptatur. Si quoque Peripateticae intentiones ad maiorem rei in hac arte faciunt expressionem ; fideliter admittuntur. De aliis similiter iudicetur. Non enim reperimus unum artificem qui omnia uni necessaria proferat. Non idem, inquam, Galeam, scuthum, ensem, hastilia, vexilla, timpanum, tubam, caeteraque omnia militis armamenta conflabit, atque perficiet. Ita maiora, aliarum inventionum tentantibus opera non solius Aristotelis Platonisque solius officina sufficiet : Quandoque etiam (ipsum queraro si consuetis uti videbimur terminis) illud ideo est non quia non consuetas per eos explicare cupimus intentiones. Per universum autem diversis variorum philosophorum studiis utimur, quatenus melius propositum inventionis nostrae insinuemus. Unde nihil est quod faciat quominus periti in istis philosophandi generibus per se ipsos facilé (dummodo animum advertant) hanc, et alias artes nostras intelligere valeant. Artem istam sub duplici forma tractamus, atque via : quarum altera est altior et generalis tum ad omnes animi operationes ordinandas, tum etiam est caput multarum

on devrait même au contraire les louer, du moins en partie (sauf si c'est par incurie qu'ils en sont là).

Leur sont semblables ceux qui ont été gavés d'esprit aristotélicien : lorsqu'ils liront ou entendront parler des *ombres des idées* (à supposer qu'il leur soit déjà permis de voir des livres harmonieux et audacieux), ils s'arrêteront aux mots et diront que les idées sont des songes ou des monstres [1]. Cela, nous le concédons, mais nous demandons si l'on ne peut pas dire convenablement de ces <espèces> qui sont conformes à la nature des choses, qu'elles courent sous l'ombre des idées. Et de nouveau quand ils parviendront au passage qui traite de l'âme ratiocinante : « Giordano (diront-ils), <tu prétends> maintenant que l'âme tisse ou file ». Et ils s'arrêteront pareillement sur n'importe quel autre passage, gonfleront les joues et leur secrète hostilité les détournera de partager les fruits de cette discipline.

Pour eux, nous voulons clarifier ceci : bien que nous-mêmes en sachions moins qu'eux sur ces sujets, nous y avons appliqué notre esprit : car, comme il se doit, la foi nous a d'abord permis d'acquérir la science, mais, par la faveur des dieux, nous sommes désormais en mesure de faire usage de ces bienfaits acquis et inventés pour des actes propres et ultérieurs : c'est ainsi que, sans <craindre> le juste reproche de nous contredire, nous acceptons les termes et les intentions des platoniciens s'ils sont appropriés. Et si les intentions des péripatéticiens nous fournissent également une expression pertinente relativement à l'objet de cet art, nous les admettons fidèlement. On en jugera pareillement des autres. Car nous ne trouvons pas qu'un artisan unique puisse fournir à lui seul tout le nécessaire. Ce n'est pas le même, dis-je, qui fabriquera et réalisera à la fois le casque, le bouclier, l'épée, les lances, les enseignes, le tambour, la trompette et tous les autres équipements d'une armée. Il en va de même pour ceux qui tenteront d'accomplir des œuvres majeures en vue de nouvelles inventions : l'officine du seul Aristote ou du seul Platon ne leur suffira pas. S'il semble parfois que nous utilisons des termes inhabituels (ce qui est rare), ce n'est pas parce que nous désirons expliquer grâce à eux des intentions inhabituelles. Mais en général nous faisons usage des diverses études des différents <philosophes>, dans la mesure où cela nous permet de mieux introduire les propositions de notre propre invention. Rien n'empêche donc ceux qui sont versés dans ces manières de philosopher, pour peu qu'ils y prêtent attention, d'entendre facilement par eux-mêmes ces matières et nos autres arts.

1. Aristote, *Seconds anal.*, I, 22, 83a32-33 : « aussi convient-il de rejeter les Idées : ce ne sont que de vains frelons ». Voir *Causa*, IV, p. 262 : « En vérité, Aristote conclut bien pauvrement, lui qui déclare, avec tous les philosophes anciens, que les principes doivent être toujours permanents ; car si nous cherchons ensuite, dans sa doctrine, où peut bien se situer le siège perpétuel de cette forme naturelle qui flotte sur le dos de la matière, nous ne la trouverons ni dans les étoiles fixes [...], ni dans les sceaux idéaux (*sigilli ideali*) séparés de la matière – car s'ils ne sont pas des monstres (*mostri*), ils sont assurément pires que des monstres, je veux dire qu'ils sont des chimères et de vaines fantaisies (*chimere e vane fantasie*) ».

methodorum, quibus tanquam diversis organis artificiosa potest pertentari et inveniri memoria : Et consistit ipsa primo in triginta intentionibus umbrarum. Secundo in triginta conceptibus idearum. Tertio in pluribus complexionibus, quae fieri possunt ex intentionibus et conceptibus per industriosam adaptationem elementorum primae rotae ad elementa secundae. Altera quae sequitur, est contractior ad certum memoriae per artificium comparandae genus.

Nous traitons de cet art sous une double forme, et en suivant une double voie. L'une est plus élevée et générale, tantôt pour ordonner toutes les opérations de l'esprit, tantôt pour servir de point de départ aux nombreuses méthodes qui tiennent lieu pour ainsi dire d'organes différents permettant la recherche et l'invention de la mémoire artificielle. Et cette dernière consiste premièrement dans les trente intentions des ombres. Deuxièmement, dans les trente concepts des idées. Troisièmement, dans la pluralité des complexions, qui peuvent être formées à partir des intentions et des concepts au moyen de l'industrieuse application des éléments de la première roue aux éléments de la seconde. L'autre forme d'art exposée ensuite de manière plus synthétique, regarde un certain genre de mémoire acquise par artifice.

TRIGINTA INTENTIONES UMBRARUM

INTENTIO PRIMA. A.

Unico igitur annuente deo, propiciisque diis sub ipso altissimo principe magnis, ita incipimus. Hominis perfectionem, et melioris quod in hoc mundo haberi possit adeptionem insinuans Hebraeorum sapientissimus; amicam suam ita loquentem introducit SUB UMBRA ILLIUS QUEM DESIDERAVERAM SEDI. Non enim est tanta haec nostra natura ut pro sua capacitate ipsum veritatis campum incolat, dictum est enim. Vanitas homo vivens. Universa vanitas. et id quod verum est atque bonum, unicum est atque primum. Quî autem fieri potest ut ipsum cuius esse non est proprié verum, et cuius essentia non est proprié veritas; efficaciam et actum habeat veritatis? Sufficiens ergo est illi atque multum : ut sub umbra boni, verìque sedeat. Non inquam sub umbra verí boníque naturalis atque rationalis (hinc enim falsum diceretur atque malum) sed Methaphysici, Idealis, et supersubstantialis : unde boni et veri pro sua facultate particeps efficitur

LES TRENTE INTENTIONS DES OMBRES

Intention première

Avec l'assentiment du Dieu unique et l'assistance des grands dieux qui sont sous le plus haut principe lui-même, nous commençons donc ainsi.

Le plus sage des Hébreux [1], pour exprimer la perfection humaine et l'acquisition du plus haut degré qui lui soit possible de posséder dans ce monde, fait dire à son amie ces paroles : « Je me suis assise à l'ombre de celui que je désirais » [2]. En effet, cette nature qui nous est propre, n'est pas capable de résider dans le champ même de la vérité [3]. Car il est dit : « Vanité, l'homme vivant » [4], « Tout est vanité » [5], tandis que ce qui est vrai et bien, est unique et premier. Mais comment est-il possible que ce qui n'est pas proprement vrai, et ce dont l'essence n'est pas proprement la vérité, possède l'efficace et l'acte de la vérité ? Il lui suffit (et c'est beaucoup) de s'asseoir à l'ombre du bien et du vrai. Je ne dis pas sous l'ombre du vrai et du bien naturel et rationnel (car c'est là ce qu'on appellerait le faux et le mal), mais <sous l'ombre du vrai et du bien>

1. Voir *Causa*, II, p. 141 : « il sapientissimo stimato tra gli Ebrei Salomone » (où il cite *Eccl.* 1, 9-10 : « Quid est quod est ? ipsum quod fuit. Quid est quod fuit ? ipsum quod est. Nihil sub sole novum »). La formule est mise en regard des thèses de Parménide. La contradiction sert ici de point de départ au problème de la connaissance.

2. *Cant.* 2, 3. Voir *De monade*, V ; *OLC*, p. 389 : « Numquid nihilium existimavit Salomon cum dicere : *Sub umbra illius, quam desideraveram, sedi ?* ».

3. *Phèdre*, 248b : « Donc le motif de ce zèle pour voir où est la *plaine de Vérité*, c'est que de la prairie qui s'y trouve provient précisément la pâture qui, on le sait, convient à ce qu'il y a dans l'âme de plus parfait ». *Cf.* Plotin, *Ennéades* I, 3, 4 : la dialectique « arrête nos errements à travers les choses sensibles, en se fixant dans l'intelligible, et c'est là qu'elle borne son activité ; elle éloigne le mensonge et nourrit notre âme, selon le mot de Platon, dans la *plaine de la vérité* ».

4. *Psaumes*, 38, 6.

5. *Ecclésiaste*, 1, 14.

animus, qui et si tantum non habeat ut eius imago sit ; ad eius tamen est imaginem : dum ipsius animae diaphanum, corporis ipsius opacitate terminatum, experitur in hominis mente imaginis aliquid quatenus ad eam

métaphysique, idéal et suprasubstantiel[1]. L'esprit (*animus*) est par là, selon sa faculté, rendu participant du bien et du vrai; et s'il ne l'est pas suffisamment pour en être l'image, il l'est assez pour être à son image[2], tant que le diaphane de l'âme[3], délimité par l'opacité corporelle, fait l'expérience dans l'intelligence humaine de quelque chose de l'ordre de l'image, puisqu'il possède l'élan qui le

1. Sur l'éminence de la vérité dite métaphysique, voir *Spaccio* (II, p. 181) : « La vérité est située au-dessus de toutes choses, Saulino, parce qu'elle est l'unité qui préside au tout, la bonté qui est prééminente à chaque chose; parce que l'être, le bien est le vrai sont un ». Cette vérité en un sens absolu est distincte de la vérité telle qu'elle est conçue : « Mais en fait, la vérité que tu perçois par tes sens et que tu peux comprendre grâce à l'éminence de ton intellect, ce n'est pas la vérité suprême et première, mais une certaine figure, une certaine image et un certain reflet de celle-ci » (p. 183). D'où la distinction entre deux formes de sagesse : « Sofia est de deux espèces : la première est supérieure, supracéleste et, si l'on peut dire, supramondaine; elle est la providence elle-même; elle est elle-même à la fois lumière et œil : œil qui est la lumière elle-même et lumière qui est l'œil lui-même; l'autre en est la conséquence, mondaine et inférieure. Elle n'est pas la vérité même, mais elle est véridique et participante de la vérité; elle n'est pas le soleil, mais la lune, la terre et l'astre qui luit par autre chose que lui-même. [...] La première Sofia est invisible, irreprésentable, incompréhensible, au-dessus de tout, en tout, sous tout; la seconde est représentée au ciel, figurée dans les esprits, transmise par les paroles, digérée dans les arts, repolie par les discussions, tracée par les écritures » (p. 187-189). Pareillement dans la *Summa terminorum metaphysicorum* : « Veritas est duplex : primo absoluta, quac convertitur cum entitate, bonitate, unitate, quae neque contracta est neque contrahibilis; secundo contrahibilis, nempe ipsa essentia, qua aliquid verum dicitur, et cuius privatione aliquid dicitur falsum, et negatione non verum » (*OLC*, I, 4, p. 15). Plus loin, il évoque une autre acception : « On peut ajouter une quatrième signification, en vertu de laquelle est dit vrai ce qui est immuable et nécessaire, d'où le vrai n'est dit par plusieurs philosophes que de l'être et l'un, et toutes les choses en devenir, sont dites vaines ou vanité ». Ce sens rencontre les formules du livre de la *Sagesse*, mais également celles d'Héraclite et de Parménide, aussi bien que les thèses pyrrhoniennes discutées dans la *Cabala*.

2. *Genèse*, 1, 27.

3. Ficin, *Théol. plat.* IV, 1, p. 149-150 : « C'est pourquoi, dans le *Timée*, Platon dit que Dieu a uni l'intelligence à l'âme, l'âme au corps, comme si l'intelligence ne pouvait être unie au corps ténébreux que par l'âme transparente (*aliter quam per animam perspicuam*), de même qu'un corps brillant est uni à un corps opaque par un corps diaphane, c'est-à-dire transparent, afin que ce qui possède de soi la lumière et la montre à d'autres soit uni à ce qui est dépourvu de lumière et fait obstacle à la lumière par une nature intermédiaire, qui, bien que dépourvue de lumière par elle-même, n'empêche pas néanmoins l'accès à la lumière ». Voir *infra*, « Concept V ».

appulsum habet : in sensibus autem internis et ratione, in quibus animaliter vivendo versamur : umbram ipsam.

pousse vers cette intelligence [1]. Dans les sens internes et la raison, où nous nous trouvons habituellement en vivant une vie animale, <nous n'en sentons que> l'ombre elle-même [2].

1. Voir *Fureurs*, I, 4, p. 188, où Bruno mentionne la contrariété constitutive de l'âme humaine et de sa double fonction, en tant qu'intellect ou intelligence et en tant que principe d'animation du corps. On a non pas « deux essences contraires, mais une seule, sujette à deux termes de contrariétés » : « De même que le rayon du soleil, atteignant la terre, touche alors à des choses inférieures et obscures qu'il éclaire, vivifie et enflamme, mais n'en est pas moins en contact avec l'élément du feu, c'est-à-dire avec l'étoile dont il procède, d'où il se répand, où il a son principe, son origine et son aliment propre, de même l'âme, qui est dans l'horizon de la nature corporelle et incorporelle, s'élève aux choses supérieures, incline vers les inférieures [...] : comme par exemple quand le sens s'élève à l'imagination, l'imagination à la raison, la raison à l'intellect, l'intellect à l'esprit (*mente*), et qu'alors l'âme se convertit tout entière en Dieu et habite le monde intelligible, d'où, par une conversion contraire, elle descend au monde sensible par les degrés de l'intellect, de la raison, de l'imagination, de la faculté sensitive et de la végétative ». Voir également *Fureurs*, II, 1, p. 334 : « L'ascension résulte, en l'âme, de la vigueur et de la poussée des ailes (*dalla facultà et appulso ch'è nell'ali*) que sont l'intellect et la volonté intellective, par le moyen desquelles l'âme se tourne vers Dieu et tend vers Dieu comme vers le souverain bien, la vérité première, l'absolue bonté et beauté ». Cet élan (*appulsum*) : « La puissance intellective jamais ne se repose, jamais ne s'apaise en une vérité comprise, mais va sans cesse plus outre vers une vérité incompréhensible » (*Fureurs*, II, 1, p. 336). Voir enfin *Fureurs*, I, 5, p. 272 : sur « l'horizon de l'âme est ici la région des puissances supérieures, où la vaillante appréhension de l'intellect est soutenue par le vigoureux élan de l'affection signifié par le cœur qui, brûlant à toute heure, s'afflige ; car tous les fruits d'amour que nous pouvons recueillir en cet état n'ont pas tant de douceur qu'ils ne soient mêlés de quelque affliction : ne fût-ce que de celle qui procède de la conscience d'une fruition sans plénitude ».

2. Opposition entre l'image et l'ombre. Dieu fait l'homme à son image et ressemblance. Mais l'homme ne saurait appréhender les réalités divines qu'en miroir et énigme. Sur cette opposition convenue, écartée ici, voir l'Introduction.

INTENTIO SECUNDA. B.

Hoc ipsum cum consideraveris : illud quoque tibi occurrat velim : ut á tenebrarum ratione seiungas umbram. Non est umbra tenebrae : sed vel tenebrarum vestigium in lumine. Vel luminis vestigium in tenebris. Vel particeps lucis et tenebrae. Vel compositum ex luce et tenebris. Vel mixtum ex luce et tenebris. Vel neutrum á luce et tenebris, et ab utrisque seiunctum. Et haec vel indè quia non sit plena lucis veritas, vel quia sit falsa lux. Vel quia nec vera nec falsa, sed eius quod veré est aut falsé, vestigium, etc. Habeatur autem in proposito. ut lucis vestigium, lucis particeps, lux non plena.

INTENTIO TERTIA. C.

Porró cum bifariam accidat intelligere lucem ; et in regione substantiae, et in regione eorum quae circa substantiam, vel in substantia consistunt (unde secundum duplicem sumitur umbra oppositionem) illud te

INTENTION SECONDE

Après avoir considéré cela, je voudrais que tu te représentes aussi ceci, afin de distinguer l'ombre de la raison des ténèbres [1]. L'ombre n'est pas les ténèbres, mais elle est la trace des ténèbres dans la lumière, ou la trace de la lumière dans les ténèbres, ou encore participe de la lumière et des ténèbres, est composée de la lumière et des ténèbres, est un mélange de lumière et de ténèbres, n'est ni lumière ni ténèbres, et distincte des deux. Et cela, soit parce qu'elle n'est pas la pleine lumière de la vérité, qu'elle est une fausse lumière, soit parce qu'elle n'est ni vraie ni fausse, mais trace de ce qui est ou bien vraiment ou bien faussement etc. Nous regarderons, pour notre présent propos, l'ombre comme trace de la lumière, en tant qu'elle participe de la lumière, non pas comme une pleine lumière [2].

INTENTION TROISIÈME

En outre, puisque l'on peut entendre la lumière de deux manières, à la fois comme relevant du domaine de la substance et du domaine des réalités relatives à la substance, qui sont autour de la substance ou consistent en

1. *a tenebrarum ratione :* de la « raison » ou notion des ténèbres. L'ombre n'est pas privation simple. *Fureurs*, I, 5, p. 222 : degrés de connaissance analogues aux degrés de lumière : « Les degrés de la contemplation sont comme les degrés de la lumière, laquelle, nulle dans les ténèbres, apparaît quelque peu dans l'ombre ; se fait mieux voir dans les couleurs selon leur ordre de l'un et de l'autre des deux contraires que sont le noir et le blanc ; elle est plus efficace dans l'éclat répandu sur les corps polis et transparents, dans le reflet des miroirs ou de la lune, plus vive dans les rayons qu'épanche le soleil, très haute et vraiment principale dans le soleil lui-même ». *Causa*, V, p. 290 : parmi les moyens de figurer la diversité des choses, Bruno évoque l'exemple de ceux qui « affirment, par métaphore, que les ténèbres et la lumière concourent à la constitution de nombreux degrés de formes, d'images, de figures et de couleurs »

2. Série de définitions de l'ombre (trace, participation, composition, ou mélange) qui conduit à une conception générique de la notion : ombre comme réalité intermédiaire entre lumière et ténèbres. Sur l'expression *lucis vestigium :* voir *Lampas trig. stat.*, *OLC*, III, p. 48 ; *Op. mag.* 1022, sur caverne de la *République :* « Il <l'Un> est de nature séparée de cette intelligence qui est notre mode, atteignable comme en un miroir, puisque, comme pour ceux qui restent dans la caverne de Platon, s'en faire une intuition droite est impossible, mais à l'opposé, pour ceux qui se retournent vers le fond de la caverne, ce n'est pas la lumière, mais la trace de la lumière, non les espèces et les idées, mais les ombres des espèces et des idées, qu'ils peuvent fixer du regard, lorsque le miroir est composé d'un corps transparent où il ne serait pas possible de percevoir une image, à moins qu'elle ne soit limitée par l'opacité de l'ombre. C'est pourquoi, nous ne pouvons contempler son visage, si ce n'est dans ses traces et effets présents autour de la matière ».

meminisse oportet; lucem quae circa substantiam est tanquam ultimum eius vestigium á luce quae primus actus dicitur proficisci. Umbram quoque quae est circa substantiam ab umbra quae ex substantia dicitur emanare. Ipsa est primum subiectum quod et materiam appellant phisici nostri : Eius omnia participia cum puram non recipiant lucem : sub umbra lucis esse et operari dicuntur.

elle[1] (de sorte que l'on peut ainsi concevoir l'ombre au moyen d'une double opposition), il faut te souvenir de ceci : que la lumière autour de la substance est comme sa dernière trace provenant de la lumière que l'on appelle acte premier. Et <que> l'ombre autour de la substance émane de l'ombre qui est dite <procéder> de la substance. Elle est le sujet premier que nos physiciens appellent aussi matière première : puisqu'aucune des réalités qui en participent ne reçoit la pure lumière, elles sont dites être et œuvrer sous l'ombre de la lumière[2].

1. Bruno évoque une série de points de vue sur la lumière, selon qu'elle est appréhendée comme substance ou comme relative à la substance, c'est-à-dire comme accident. Ou encore comme cause, distincte de ses effets. Ou comme principe, distincte de ses manifestations. Ici la lumière peut être appréhendée en elle-même (*lux*), dans le sujet diaphane comme clarté (*lumen*), mais aussi comme la couleur dans le diaphane. Pareillement, l'ombre peut être conçue de deux façons : elle désigne alors soit tout ce qui suit de la lumière en sa source, ou son « acte premier » (et comprend par là la clarté qui en émane), soit la lumière participée. Il en va ainsi des formes : la forme première par rapport aux formes participées, et des formes participées par rapport au sujet qui leur sert de substrat ou de matière. Voir Plotin, *Enn.*, III, 6, 18 : « la matière, elle, n'offre aucune résistance ; car elle n'a pas d'activité ; elle est une ombre ; et elle attend, prête à subir ce que voudra la cause active ». *Causa*, Épître, p. 12 : Bruno évoque le principe formel, « esprit immense », lui-même « inaltérable comme la matière, appelée ombre par les Babyloniens et par les Perses ». Sur le genre de l'opposition, voir *Summa term. metaphys.*, *OLC*, I, 4, p. 84 qui définit la lumière comme le principe actif et les ténèbres comme principe passif ou matériel des choses. Le propos du *De umbris* est de passer de l'opposition à la contrariété, à la composition et au mélange.

2. Toutes les réalités qui participent de la lumière, la reçoivent, chacune selon sa capacité propre, en fonction de la nature du sujet ou de la matière. Elles sont donc mélangées ou composées de lumières et de ténèbres, d'acte et de puissance, de forme et de matière. Ainsi, *Fureurs*, I, 5, p. 244 : « Toutes les intelligences sont signifiées par la lune, en ceci qu'elles participent de l'acte et de la puissance, en ceci, veux-je dire, qu'elles ont la lumière matériellement et par participation, la recevant d'autrui ; qu'elles ne sont pas lumière par elles-mêmes et par nature, mais par le regard du soleil, lequel est l'intelligence première, lumière pure et absolue, acte pur et absolu ». Encore dans la *Lampas triginta statuarum* : l'Un est le « Père comme lumière », l'Intellect le « Fils comme soleil », les intelligences séparées sont « comme les luminaires qui reçoivent leur lumière du soleil », et l'intellect humain est « comme la lune, partie lumineuse en raison de cette lumière, partie opaque par sa condition matérielle » (*OLC*, III, p. 51. *Cf.* Ficin, *Théologie platonicienne*, X, 2, p. 58-59). Dans la *Lampas*, après avoir défini les deux triades de principes opposés, Bruno propose d'en déduire les « raisons des intermédiaires », et pour cela de rapporter les raisons du principe supérieur à celui de l'inférieur, afin de montrer comment les réalités intermédiaires procèdent à la fois de l'un et de l'autre et participent des deux ordres : « alors, de même que toutes les couleurs intermédiaires sont composées du blanc et du noir, de même la raison de toutes les couleurs et de toutes les réalités visibles dérivent de la raison suprême, à savoir la lumière, et de la raison infime, à savoir des ténèbres, en tant qu'elles participent de la lumière et des ténèbres, de la matière et de la forme, de l'acte et de la puissance, relativement au genre (*secundum quod huiusmodi*) » (*OLC*, III, p. 175 ; *Op. mag.*, p. 1296-1298).

INTENTIO QUARTA. D.

Consequenter te non praetereat quod cum umbra habeat quid de luce, et quid de tenebris. Duplici aliquem accidit esse sub umbra. Umbra videlicet tenebrarum et (ut aiunt) mortis : quod est cum potentiae superiores emarcescunt, et ociantur, aut subserviunt inferioribus. Quatenus animus circa vitam tantum corporalem versatur, atque sensum. Et umbra lucis, quod est cum potentiae inferiores superioribus adspirantibus in aeterna eminentioraque obiecta subiiciuntur, ut accidit in coelis versanti qui spiritu irritamenta carnis inculcat. Illud est umbram incumbere in tenebras : hoc est umbram incumbere in lucem. In Orizonte quidem lucis et tenebrarum, nil aliud intelligere possumus quam umbram. Haec in orizonte boni et mali : veri et falsi. Hic est ipsum quod potest bonificari, et maleficari, falsari, et veritate formari : quodque istorsum tendens sub istius, illorsum veró sub illius umbra esse dicitur.

INTENTIO QUINTA. E.

Umbras eas in proposito maximé consideramus quae sunt appetituum, et cognoscitivae facultatis obiecta, sub specie veri boníque concepta, quae sensim ab unitate illa supersubstantiali decedentia, per crescentem multitudinem, in infinitam multitudinem (ut Pythagoreorum more loquar) progrediuntur : quae quantum ab unitate recedunt, tantum ab ipsa quoque veritate elongantur. Fit enim ab ipso superessentiali ad essentias ab essentiis ad ipsa quae sunt, ab iis ad eorum vestigia, imagines, simulachra, et umbras excursus : tum versus materiam ut in eius sinu producantur ; tum versus sensum, atque rationem ut per eorum facultatem dinoscantur.

INTENTION QUATRIÈME

Il ne t'échappera pas, par conséquent, puisque l'ombre possède quelque chose de la lumière et quelque chose des ténèbres, qu'il nous arrive d'être sous une ombre double : sous l'ombre des ténèbres et, comme ils disent, l'*ombre de la mort*[1], ce qui a lieu lorsque les puissances supérieures sont flétries ou oisives, ou lorsqu'elles sont asservies aux inférieures et que l'esprit ne se consacre qu'à la seule vie corporelle et aux sens, – et sous l'ombre de la lumière, lorsque les puissances inférieures sont soumises aux supérieures, et aspirent à des objets éternels et plus éminents. Cela survient à celui qui s'est tourné vers le ciel et qui, par l'esprit, a foulé aux pieds les tourments de la chair[2]. La première est l'ombre qui s'étend dans les ténèbres; la seconde, l'ombre qui s'étend dans la lumière. Sous l'horizon de la lumière et des ténèbres, nous ne pouvons rien concevoir d'autre que l'ombre. L'ombre est sous l'horizon du bien et du mal, du vrai et du faux. C'est là que se trouve ce qui peut être rendu meilleur ou pire, devenir faux ou se conformer à la vérité. Là, ce qui tend d'un côté, on dit qu'il est sous l'ombre d'un <principe>, et ce qui tend de l'autre côté, qu'il est sous l'ombre <du principe opposé>.

INTENTION CINQUIÈME

Nous considérons ici principalement les ombres qui sont l'objet des facultés de désirer et de connaître, conçues sous les espèces du vrai et du bien, qui progressent graduellement en descendant de l'unité suprasubstantielle, selon une multiplicité croissante, jusqu'à l'infinie multiplicité (pour parler à la manière de Pythagore)[3] : en se retirant de l'unité, ces ombres s'éloignent d'autant de la vérité. Ce parcours va du suressentiel aux essences, des essences aux réalités qui sont, et d'elles à leurs vestiges, images, simulacres et ombres :

1. Voir *Luc*, 1, 79 : « C'est par elle [la compassion de notre Dieu] que le soleil levant brillera sur nous d'en haut pour éclairer ceux qui sont assis dans les ténèbres et dans l'ombre de la mort ». Voir aussi *Job*, 3, 5; 10, 22; 12, 22; 24; 17; 28, 3; 34, 22... etc. et *Psaumes*, 22[23], 4; 43 [44], 20). Cf. *Sigillus sigil.*, I, 17 : « Mais si tu procèdes à l'aventure et si tu t'égares, tu seras au contraire rempli des ténèbres les plus confuses que l'on appelle *ombre de la mort* ».

2. Cf. *Gal.* 5, 17.

3. Sur le nombre infini, voir Platon, *Parménide*, 144a; Aristote, *Phys.* III, 4, 203a4-6; Ficin, *Théol. plat.* I, 2, p. 42 : « Les pythagoriciens soutiennent qu'il existe une multitude infinie de corps ». La conception du « nombre infini » est au cœur du *De la causa*, V, et conduit aux déductions du *De l'infinito* (p. 108) : « Dieu conçoit actuellement une dimension infinie et un nombre infini ».

INTENTIO SEXTA. F.

Umbra in materia seu natura, in naturalibus ipsis, in sensu interno atque externo, ut in motu et alteratione consistit. In intellectu veró, intellectumque consequente memoria est ut in statu. Ideo sapiens ille viraginem supra naturalem et suprasensualem quasi notitiam consequtam : sub illius primi veri boníque desiderabilis umbra sedentem inducit. Quae sessio seu status quia in naturaliter degentibus non multum perseverat (mox n. atque statim sensus isti nos insiliunt atque deturbant, ipsique nostri duces phantasmata nos circumveniendo seducunt) sessio illa potius praeterito absoluto vel inchoato, quam praesenti tempore designatur. Dicit. n. sub umbra sedi, vel sedebam.

INTENTIO SEPTIMA. G.

Cum veró in rebus omnibus ordo sit atque connexio, ut inferiora mediis et media superioribus succedant corporibus; Composita simplicibus, simplicia simplicioribus uniantur. Materialia spiritualibus spiritualia prorsus in materialibus adhaereant. Ut unum sit universi entis corpus,

tantôt vers la matière, en tant qu'elles sont produites en son sein, tantôt vers le sens et la raison, en tant qu'elles sont discernées par leurs facultés [1].

Intention sixième

Dans la matière ou la nature, dans les choses naturelles elles-mêmes, dans les sens interne et externe, l'ombre se présente comme en altération et mouvement. Mais dans l'intellect et dans la mémoire qui suit l'intellect, elle est comme en repos. C'est pourquoi le sage [2] représente la vierge assise à l'ombre de la vérité première et du premier bien désirable, au-dessus de la connaissance surnaturelle et suprasensible qui la suivent. Cette station ou cet état, parce qu'il ne dure pas longtemps dans le cours de la vie naturelle [3] (car ensuite et aussitôt les sens nous assaillent et nous perturbent, et les imaginations qui nous gouvernent, nous circonviennent de leurs séductions), il en parle au passé composé ou à l'imparfait, plutôt qu'au présent. Il est dit en effet : « j'ai été assise », ou « j'étais assise à l'ombre ».

Intention septième

Puisqu'il y a en toutes choses un ordre et une connexion, de sorte que les choses inférieures succèdent aux intermédiaires, et les intermédiaires aux supérieures, que les choses composées sont unis aux simples, et les simples aux plus simples, et que les choses matérielles sont liées aux spirituelles et les réalités

1. La progression procède de l'unité suressentielle, aux essences ou réalités idéales, puis d'elles aux « réalités qui sont », soit aux choses physiques produites par la matière (*vestiges* ou *images*), soit aux réalités mentales (les *simulacres* des sens ou les *ombres* rationnelles). Sur cette terminologie, voir l'Introduction.

2. *Cant.* 2, 3 (voir Intention I)

3. Sur le thème de la conjonction intellectuelle, voir les *Fureurs héroïques*, qui évoquent la doctrine averroïste (*In Physicam*, Arist. Op., IV, f. 1H) selon laquelle « la suprême félicité de l'homme consiste à atteindre la perfection dans les sciences spéculatives » (I, 3, p. 140). La doctrine est reformulée ainsi : « en cet état où nous sommes, nous ne pouvons désirer ni obtenir plus grande perfection que celle qui est la nôtre quand notre intellect, par le moyen de quelque noble espèce intelligible, s'unit soit aux substances séparées comme disent tes gens, soit à l'intelligence divine pour nous exprimer à la manière platonicienne ». Plus loin (I, 3, p. 148-150), Bruno évoque la tension entre le mouvement et le repos : « De plus, comme le rapporte Plotin [*Enn.* IV, 4, 5], certains pensent qu'il est des âmes capables d'échapper à ce mal qui leur est propre : avant d'avoir entièrement revêtu l'habitus corporel, ces âmes, connaissant le péril, regagnent les refuges de l'esprit (*mente*). Car l'esprit les élève aux choses sublimes, comme l'imagination les abaisse aux inférieures ; l'esprit sans cesse tend à l'unité, l'imagination va sans cesse forgeant des images nouvelles. Entre les deux est la faculté rationnelle qui réunit tout dans son composé : en elle l'un concourt avec le multiple, le même avec le divers, le mouvement avec le repos, l'inférieur avec le supérieur ».

unus ordo una gubernatio, unum principium, unus finis, unum primum, unum extraemum. Cumque (ut non ignoraverunt Platonicorum principes) demigratio detur continua á luce ad tenebras (cum mentium quaedam per conversionem ad materiam, et aversionem ab actu ; subeunt naturam, atque fatum) nihil impedit quominus ad sonum cytharae universalis Apollinis ad superna gradatim revocentur inferna : et inferiora per media, superiorum subeant naturam : quemadmodum et sensu constat terram in aquam, aquam in aerem, aerem in ignem rarefieri : sicut ignis in aerem, aer in aquam, aqua in terram densabatur. Ita generaliter videmus in iis quae mutantur, motum statu, et statum motu semper terminari. Quod et in ipso coelo semper esse atque fieri optimé Peripateticorum quidam

spirituelles adhèrent absolument aux matérielles, afin que le corps de l'être de l'univers soit un, un l'ordre, une la direction, un le principe, une la fin, un le premier, un l'extrême [1]; et, parce qu'il y a (comme les principaux platoniciens ne l'ont pas ignoré) une migration continue de la lumière vers les ténèbres, puisque par conversion à la matière et que, par éloignement de l'acte pur, certains esprits se soumettent à la nature et au destin, rien n'empêche qu'au son de la cithare de l'Apollon universel les êtres d'en bas retournent graduellement vers les réalités élevées et se soumettent par des intermédiaires à des natures supérieures [2]. De même que les sens nous montrent que la terre se raréfie en se transformant en eau, l'eau en air et l'air en feu, de même le feu se condense en se transformant en air, l'air en eau et l'eau en terre [3].

1. *Causa*, IV, p. 232 : « si tout ce qui est (en commençant par l'être souverain et suprême) comporte un certain ordre et constitue une hiérarchie (*fa dependenza*), une échelle, où l'on monte des choses composées aux choses simples et de celles-ci aux choses les plus simples et les plus absolues, en passant par des moyens termes proportionnels et copulatifs qui participent de la nature de l'un et de l'autre extrême, tout en ayant une valeur propre indépendante, il n'y a pas d'ordre qui ne comporte une certaine participation, ni de participation qui ne comporte une certaine liaison, ni de liaison sans quelque participation : il est donc nécessaire que, pour toutes les choses qui existent (*sono susistenti*), il y ait un unique principe de subsistance (*principio di susistenza*) ». Bruno conclut de la participation et de l'ordre à l'unité du principe ou sujet. Voir aussi *De vinculis*, III, 9 : « Les choses dans l'univers sont ordonnées de telle façon qu'elles consistent en une certaine coordination qu'il est possible, en vertu d'un certain flux continu, de progresser de toutes choses en direction de toutes ».

2. Cette migration de la lumière aux ténèbres qui soumet les esprits au destin, c'est la descente des âmes. Cette soumission au destin est relative selon Plotin (*Enn.* IV, 3, 15) : « les unes se soumettent toute leur vie à la fatalité du monde; d'autres tantôt sont soumises, et tantôt s'appartiennent; d'autres concèdent au destin tout ce qu'il est nécessaire d'en supporter, mais quand il s'agit de leurs actions propres, elles ont le pouvoir de s'appartenir à elles-mêmes; elles vivent d'après une loi qui embrasse tous les êtres, et elles s'y donnent toutes ». Voir aussi *Enn.* IV, 8, 4 : « Donc l'âme, après sa chute, a été prise, elle est enchaînée, elle n'agit que par le sens, parce qu'elle est empêchée, au début, d'agir par l'intelligence; elle est, dit-on, dans un tombeau et une caverne, mais en se retournant vers la pensée, elle se délivre de ses liens, et elle remonte lorsqu'elle part de la réminiscence pour contempler les êtres. Car elle contient toujours malgré tout une partie supérieure. Les âmes ont nécessairement une double vie ». Sur l'Apollon, voir Ficin, *Théol. plat.*, IV, 1, p. 154 : « le genre des âmes s'élève jusqu'aux intelligences libres (*ad mentes liberas*) et finalement les intelligences jusqu'à l'intelligence une. Et l'intelligence une, parce qu'intelligence et unité, doit être élevée à l'unité par excellence (*ad unum simpliciter*) qui [...] est l'un lui-même (*unum ipsum*), que Pythagore appelle : l'Apollon universel ». D'où l'Apollon des *Fureurs* (II, 2, p. 390) : « Cette vérité [absolue] est cherchée comme une chose inaccessible, comme un objet au-delà de toute objectivation (*come oggetto inobiettabile*) comme de toute compréhension (*non sol che incomprensibile*). C'est pourquoi aucun d'eux ne croit possible de voir le soleil, l'universel Apollon, lumière absolue, espèce suprême et très excellente, leurs regards ne se portant que sur son ombre, sur sa Diane, c'est-à-dire sur le monde, l'univers, la nature qui est dans les choses, la lumière cachée dans l'opacité de la matière et qui resplendit dans les ténèbres ».

3. Voir *Fureurs*, Arg. p. 26, où Bruno évoque un double mouvement de montée et de descente, « suivant que (par l'effet de l'affection qui les attire et ravit), les choses élevées s'abaissent ou que s'élèvent les basses » : « ainsi a-t-on coutume de dire que, par force de vicissitude et de vertigineuse attraction, la flamme s'épaissit en air, vapeur et eau, tandis que l'eau s'affine en vapeur, air et flamme ». Sur cette analogie, voir par exemple Ficin, *Théol. plat.* V, 4, p. 178.

consideravere : cum quippé ipsum habere actum admixtum cum potentia dicunt (quamvis et aliae sint mixtionis istius rationes) intelligunt eius motum esse in fine ad praeteritum, et in principio ad futurum. Quidquid ergo sit de alia descensus specie de qua Theologorum prudentia decernat : illud obnixé nobis est intentandum, ut pro egregiis animi operationibus naturaeschalam ante oculos habentes, semper á motu, et multitudine, ad statum et unitatem per intrinsecas operationes tendere contendamus : quod cum pro facultate praestiterimus, pro facultate quoque divinis multitudini mirabilibus operibus conformabimur. Ad ipsum rerum praesignata connexio, et connexorum consequentia nos confortet et adhortetur. Novit quidem et docuit antiquitas quomodo proficiat discursus hominis á multis individuis ad speciem, á multis speciebus ad unum genus ascendens. Insuper quomodo infima intelligentiarum per omnes formas intelligat species distincté, inferioris distincté per plures atque multas formas ipsas omnes species concipiunt ; superiores per pauciores, suprema per unam, et ipsum quod est supra omne non per formam aliquam. Porro si antiquitas novit quomodo proficiat memoria, á multis speciebus memorabilibus, ad unam multorum memorabilium speciem se promovendo : ipsum certé non docuit.

Nous voyons ainsi en général que, dans les choses sujettes à la mutation, le mouvement est terminé par le repos, et le repos par le mouvement. Ce qui a lieu et advient même dans le ciel, comme l'ont très bien observé certains péripatéticiens : lorsqu'ils affirment en effet que le ciel a son acte mélangé à la puissance (bien qu'il y ait d'autres formes de mélange que celui-là), ils entendent que le mouvement céleste trouve sa fin dans le passé, et son commencement dans le futur [1].

Quoi qu'il en soit, par conséquent, des autres espèces de descente, dont l'examen revient à la prudence des théologiens, quant à nous, nous devons nous efforcer, pour accomplir les parfaites opérations de l'esprit, d'avoir sous les yeux l'échelle de la nature, de procéder toujours au moyen des opérations intrinsèques, partant du mouvement, de la multiplicité, en direction du repos et de l'unité. Si nous y parvenons par nos propres facultés, nous accomplirons par ces mêmes facultés des opérations <qui passeront pour> divines et miraculeuses aux yeux de la multitude. C'est à cette tâche que nous invitent et nous exhortent la connexion originaire des choses et les conséquences de ces rapports.

Les Anciens savaient et enseignaient comment le discours humain progresse en remontant à partir de nombreux individus vers l'espèce et depuis une pluralité d'espèces en direction d'un genre unique [2] ; comment aussi les plus basses des intelligences conçoivent distinctement les espèces par l'intermédiaire de toutes les formes, comment les intelligences inférieures comprennent distinctement toutes les espèces au moyen de formes plus nombreuses et diverses ; les intelligences supérieures au moyen d'un plus petit nombre ; et l'intelligence suprême au moyen d'une seule, et sans aucune forme ce qui est au-dessus de toutes choses [3]. Les Anciens savaient en outre comment

1. Thomas d'Aquin, *De potentia*, V, 5, ad 11 : « discendum, quod sicut motus caeli deficiet, ita et tempus deficiet [...]. Ultimum autem nunc totius temporis erit quidem finis praeteriti, non autem principium futuri. Quod enim nunc simul sit et finis praeteriti et principium futuri, habet in quantum sequitur motum circularem continuum ».

2. Sur cette forme de « contraction », voir *Sigillus sigillorum*, II, 22 : elle consiste à rassembler « en espèces les individus en nombre infini, les espèces innombrables en un très grand nombre de genres intermédiaires, et ceux-ci en dix ou douze <genres> déterminés, et eux-mêmes dans l'un analogue suprême qui comprend toutes choses ». Voir *Causa*, V, p. 297 qui associe ce mouvement ascendant de complication au mouvement descendant d'explication : « Donc, de même qu'en montant vers la connaissance parfaite, nous compliquons (*andiamo complicando*) de plus en plus la multiplicité, de même, en descendant produire les choses, l'unité s'explique de plus en plus. La descente va de l'être unique à une infinité d'individus et à d'innombrables espèces ; l'ascension va de ceux-ci à ceux-là ».

3. Sur la hiérarchie des intelligences, voir *Causa*, V, p. 294-296 : « D'où une gradation des intelligences (*intelligenze*) : en effet, les inférieures ne peuvent comprendre (*intendere*) la pluralité des choses qu'au moyen d'une pluralité d'espèces, de similitudes et de formes. Les supérieures la comprennent mieux avec peu. Les plus hautes intelligences la comprennent avec un très petit nombre. L'intelligence première comprend très parfaitement le tout en une idée. La *mens* divine et l'unité absolue, sans aucune espèce, est à la fois ce qui comprend et ce qui est compris ».

INTENTIO OCTAVA. H.

Ad proximius quidem superius proximum inferius per aliquos gradus contracta similitudine promovetur, quos certé gradus cum nactum fuerit omnes : iam non simile : sed idem cum illo dicendum erit. Quod sané quomodo fiat per ipsum edoceremur ignem : qui aquam non attrahit nisi in calore et raritate adsimilatam. Per communem igitur similitudinem ab umbris datur accessus ad vestigia, á vestigiis ad speculares imagines, ab istis ad alia.

INTENTIO NONA. I.

Quoniam veró quod est simile simili ; est etiam simile eidem similibus sive per ascensum, sive per descensum, sive per latitudimen : Hinc accidit ut (infra suos limites) natura facere possit omnia ex omnibus, et intellectus, seu ratio cognoscere omnia ex omnibus. Sicut inquam materia formis omnibus informatur ex omnibus, et passivus (quem vocant) intellectus formis omnibus informari potest ex omnibus : et memoria memorabilibus omnibus ex omnibus. quia omne simile simili fit, omne simile simili

la mémoire augmente en s'élevant d'une multitude d'espèces à mémoriser, vers une unique espèce mémorisable qui les embrasse toutes. Mais cela, du moins, ils ne l'ont pas enseigné.

Intention Huitième

L'être inférieur prochain est conduit au supérieur prochain par certains degrés, en vertu d'une étroite similitude. Une fois parcourus tous ces degrés, l'on ne parlera plus de similitude, mais d'identité. L'exemple du feu nous apprend assurément comment cela se produit : il n'attire pas l'eau sinon en l'assimilant par la chaleur et la raréfaction. C'est donc par une commune assimilation que l'on accède des ombres aux vestiges, des vestiges aux images réfléchies, et de ces dernières à d'autres encore [1].

Intention neuvième

Puisque ce qui est semblable au semblable, est également semblable aux semblables du semblable, aussi bien dans l'ordre ascendant que dans l'ordre descendant ou l'ordre latéral, il en découle que la nature (dans ses propres limites) peut produire tout à partir de tout; et l'intellect ou la raison, connaître tout à partir de tout. De même, dis-je, que la matière peut recevoir toutes formes à partir de toutes, de même l'intellect qu'ils appellent passif [2] peut recevoir toutes les formes à partir de toutes [3], et la mémoire tout le mémorable de tous, car tout semblable est produit par le semblable, tout semblable est

1. Cette série de degrés est conforme à la hiérarchie des intelligences qui culmine avec l'identité du sujet de connaissance et de l'objet.

2. Sur la notion péripatéticienne d'intellect patient, voir *Fureurs*, I, 5, p. 230-232 : « [Cela signifie] la différence qui existe entre l'intellect inférieur (communément appelé intellect en puissance, ou possible, ou passible), lequel est incertain, divers et multiforme, et l'intellect supérieur, celui, peut-être, qui, selon les péripatéticiens, occupe le dernier rang dans la hiérarchie des intelligences, et qui influe immédiatement sur les individus de l'espèce humaine et qui est dit intellect agent et actuant (*agente et attuante*). Cet intellect unique pour l'espèce humaine, et dont l'influence s'exerce en tout individu, est comparable à la lune, toujours de même espèce, et toujours changeant d'aspect selon la manière dont elle se tourne vers le soleil qui, lui, est l'intelligence première et universelle. Au contraire, l'intellect humain, individuel et multiple, se tourne comme les yeux vers des objets innombrables et divers, de sorte qu'il se forme par degrés, par une infinité de degrés, selon l'infinité des formes naturelles. D'où il résulte qu'il arrive à cet intellect particulier d'être furieux, mouvant et incertain, tandis que l'intellect universel est tranquille, stable et assuré aussi bien en son appétit qu'en son appréhension ». Dans le passage, la *mens* divine est comparée au soleil (Apollon), l'intellect agent à la lune (Diane) et l'intellect humain à l'œil. On relèvera que l'intellect agent est lui-même immuable en soi, mais reçoit sa lumière d'une intelligence supérieure.

3. Voir *Sigillus sigil.*, II, 15 : « toutes choses sont formées par toutes choses, et, si toutes sont formées et figurées au moyen de toutes, nous aussi pouvons être amenés à rechercher, inventer, juger, raisonner et nous souvenir de toutes à partir de toutes ».

cognoscitur, omne simile simili continetur. Porro simile remotum ad suum distans, per simile medium sibìque proximum tendit. Hinc herbae forma spoliata materia, non immediaté formam induitur animalis istius, sed formis Chili, sanguinis, et seminis mediantibus. Hinc qui noverit apta extraemorum media : et naturaliter et rationaliter omnia poterit ex omnibus elicere.

Intentio decima. K.

Coeterum. Similitudinem illam quae cum aequalitate currit ; et uniformitati (quam aequiparantiam appellant) consonat : in proposito sensu alium operationum, sive ad internos, sive ad externos referantur sensus, inutilem et malè officiosam habeto. Fit enim ut simili caliditate affectum nec similem, nec infra illius similitudinis gradus consistentem sentiat : sed eam quae existentem in sensitivo subiecto excellit. Hinc qualem redigere in praxim debeas similitudinem praevideto, ne quae sita ab adeptis quominus ingredi possint repellantur.

connu par le semblable et tout semblable est contenu dans le semblable. De plus, le semblable distant tend en direction de ce qui lui est distant, par un moyen terme <qui lui est> semblable et très proche. Il s'ensuit que la matière dépouillée de la forme de la plante, ne revêt pas immédiatement la forme de telanimal, sinon par l'intermédiaire du chyle, du sang et de la semence. Par conséquent, celui qui connaîtra les moyens termes attachés aux extrêmes, sera capable d'extraire tout de tout, aussi bien naturellement et rationnellement [1].

Intention dixième

En outre, cette similitude qui s'accorde avec l'égalité et l'uniformité (qu'ils appellent équiparité) [2], tiens-la pour inutile à notre propos et mal adaptée aux autres opérations <de l'esprit>, qu'elles se rapportent au sens interne ou au sens externe. En effet, un sujet doté d'une certaine chaleur ne sentira pas une chaleur semblable ni de degré inférieur; n'est perçue qu'une chaleur excédant celle qui existe dans le sujet sensible [3]. C'est pourquoi tu dois évaluer, dans la pratique <mnémonique>, à quel genre de similitude tu auras recours, afin de ne pas empêcher l'accès des choses acquises lorsqu'elles sont recherchées [4].

1. Autrement dit, tout autant du point de vue de la connaissance rationnelle que des opérations naturelles relevant de la magie. *Cf.* la définition de la magie dans le *De la causa* (V, p. 314) : « En conclusion, celui qui veut savoir les plus grands secrets de la nature doit considérer et examiner les *minima* et les *maxima* des contraires et des opposés. Il y a une profonde magie à savoir extraire le contraire du contraire, après avoir trouvé le point d'union ».

2. L'égalité ou équiparité se dit de la relation entre égaux ou entre des réalités de même rang : elle est définie comme une relation *inter paria* : « sicut amici cum amico, socii cum consocio et fratris cum confratre » (*Summa term. metaphys.*, *OLC*, I, 4, p. 36).

3. Aristote, *De anima*, II, 11, 424a2-4. L'idée renvoie au principe physique selon lequel « toute action et toute mutation ont lieu du contraire vers le contraire; du semblable au semblable, il n'y a pas de mutation, pas plus que de l'identique à l'identique » (*Theses de magia*, § XXV; *OLC*, III, p. 472; *Op. mag.* p. 358. Voir Aristote, *Phys.* III, 205a6-7). Plus loin dans les *Theses* (§ XXVI), Bruno distingue plusieurs formes de similitudes : 1) la similitude par équiparité, par laquelle « l'homme est semblable à l'homme », 2) par analogie, selon laquelle « l'homme est semblable à Dieu », 3) une similitude de proportion, selon laquelle « le sens est au sensible comme l'intellect à l'intelligible », 4) une similitude au sens propre, « comme l'espèce de Socrate dans l'imagination est semblable à l'espèce qui est dans le sujet naturel physique » (*OLC*, III, p. 473; *Op. mag.*, p. 360).

4. La similitude par équiparité est réputée inutile parce que la réminiscence suppose une mutation. D'où la nécessité du choix judicieux d'une similitude qui n'empêche pas le souvenir des choses à remémorer. Cette critique de la similitude par équiparité est à rapprocher de celle de l'image mimétique qui représente les choses telles qu'elles sont perçues par les sens, faisant par exemple de la peinture « une fenêtre ouverte par laquelle on puisse regarder l'histoire » (Alberti), par opposition à l'image mnésique qui les représente telles que l'esprit les conçoit. Sur la critique de l'image mimétique, qui fait obstacle à la mémoire, voir par exemple le premier dialogue du *Spaccio* consacré au vieillissement des dieux.

INTENTIO UNDECIMA. L.

Considera, mundum istum corporeum partibus eius omnino similibus existentibus, formosum esse non potuisse. In variorum ergo connexione, partium pulchritudo manifestatur : et in ipsa varietate totius pulchritudo consistit. Hinc rei umbratilis visio est visionum imperfectissima : quia quod imago cum varietate demonstrat : umbra quod est infra extrinsecae figurae terminos ut plurimum etiam ementitos, quasi sine varietate profert. De umbra dixerim quatenus umbra est : non autem quá talis quam in proposito recipimus.

INTENTIO XII. M.

Verum Anaxagoricum Chaos est sine ordine varietas. Sicut igitur in ipsa rerum varietate admirabilem concernimus ordinem. Qui supraemorum cum infimis, et infimorum cum supremis connexionem faciens : in pulcherrimam unius magni animalis (quale est mundus) faciem, universas facit conspirare partes. Cum tantum ordinem tanta diversitas : et tantam diversitatem tantus ordo requirat. Nullus enim ordo ubi nulla diversitas extat reperitur. Unde primum principium nec ordinatum, nec in ordine licet intelligere.

Intention onzième

Considère que ce monde corporel n'aurait pas pu être beau si ses parties avaient été tout à fait semblables. La beauté se manifeste donc dans la connexion de parties différentes ; et la beauté du tout consiste en cette variété elle-même. Il s'ensuit que la vision des choses ombratiles est la plus imparfaite des visions, car ce que l'image fait voir avec la variété, l'ombre, qui est inférieure aux limites extérieures de la figure, le présente presque sans variété et souvent même de manière trompeuse[1]. Je parle <ici> de l'ombre en tant qu'ombre, non pas de l'ombre telle qu'elle fait l'objet de notre propos.

Intention douzième

Le véritable chaos d'Anaxagore est une variété sans ordre. Pareillement donc nous distinguons, dans la variété même des choses, un ordre admirable qui assure la connexion des choses supérieures avec les infimes, et des infimes avec les supérieures, et qui fait concourir l'ensemble des parties <pour former> la très belle apparence de ce grand animal unique qu'est le monde, puisque telle diversité requiert tel ordre, et tel ordre telle diversité. Il est certain, en effet, qu'il n'y a aucun ordre là où ne se trouve aucune diversité. C'est pourquoi

1. Sur la distinction entre l'image et l'ombre, voir notamment Ficin, *Epist.* II, p. 705-706 ; trad. fr. S. Galland, *Correspondance, II*, Paris, Vrin, 2019 p. 139 : « Pour celui qui observe, l'ombre ne représente pas le corps distinctement, mais l'image exprimée à la ressemblance du corps le reproduit plus expressément (*Umbra corpus intuenti distincte non representat, imago autem ad corporis similitudinem expressa refert expressius*) ». Par analogie, Ficin regarde généralement les conceptions de l'esprit comme l'image des idées divines, et les réalités physiques comme les ombres des idées. Bruno, en évoquant cette distinction entre l'image et l'ombre, indique qu'il donne ici aux ombres une signification différente. Voir aussi *De monade*, V ; *OLC*, p. 391, sur la division entre le monde intelligible, cogitabile, sensible et ombratile.

INTENTION XIII. N.

Certé si quemadmodum indissolubilis concordia fines primorum connectit principiis secundorum; et calcem eorum quae antecedunt capitibus eorum quae proximé sequntur : cathenam illam auream quae é caelo fingitur ad terram usque tensa contrectare valebis : sicut è coelo per te potest factus esse descensus, facilé ad coelum per ordinatum ascensum remeare valebis. Per hanc artificiosam connexionem magnum experiri possumus memoriae relevamen : quae valet etiam nullam ad invicem per se retinentia consequentiam memoriae ordinata presentare. Ipsum manifestatur in subsequenti carmine, ubi cum intelligatur Aries agere in

on ne doit pas concevoir le premier principe comme ordonné, ni dans un ordre[1].

INTENTION TREIZIÈME

Assurément, si une telle concorde indissoluble relie les extrêmes des premiers principes à celle des principes seconds, et le talon de ceux qui les précèdent à la tête de ceux qui les suivent directement, tu seras capable de te saisir de cette chaîne d'or que l'on imagine s'étendre du ciel jusqu'à la terre[2]. De même que tu pourras descendre depuis le ciel, de même il te sera possible de faire facilement retour vers le ciel par une ascension ordonnée. Nous pouvons faire l'expérience d'un grand soulagement de la mémoire grâce à cette connexion artificielle qui permet aussi à la mémoire de se représenter de manière ordonnée des choses retenues qui n'ont <pourtant> aucun lien de

1. Le raisonnement revient à distinguer la variété ordonnée des choses des deux principes extrêmes, le chaos d'Anaxagore et le premier principe, comme il l'a fait plus haut avec la lumière et les ténèbres. Entre ces deux extrêmes, la variété ou la diversité est ordonnée : l'ordre suppose la diversité, tout comme la diversité suppose l'ordre. Ou plus exactement, tout degré de diversité suppose un ordre qui lui sera spécifique ou propre ; et réciproquement, toute forme d'ordre appelle un certain type de diversité. Il s'ensuit d'abord que les principes extrêmes n'appartiennent pas à l'ordre qu'ils constituent : ainsi « l'unité qui est le principe et la substance du nombre, n'est pas un nombre » (*De monade*, VI ; *OLC*, I, 2, p. 407), mais permet d'ordonner la multiplicité propre au nombre. Il en va de même des autres genres de réalité. Le raisonnement, inspiré du *Parménide* et mis en œuvre dans *De l'infinito*, revient à distinguer une pluralité d'ordres, en fonction des principes (ou « hypostases ») qui les organisent. Le raisonnement est au centre du *De minimo*, qui rapporte tout genre de multiplicité ordonnée à un minimum qui lui est propre. Participer, c'est être la partie d'un tout défini comme principe et sujet commun d'une multiplicité. Dans le *De la causa*, Bruno cite l'*Ennéade* de Plotin sur la matière intelligible : « Plotin aussi dit, dans son livre *De la matière* (II, 4, 4) que *s'il y a dans le monde intelligible une multitude et une pluralité d'espèces, il doit nécessairement y avoir quelque chose de commun, au-delà du propre et de la différence de chacune d'elles. Ce qui est commun tient lieu de matière et ce qui est propre et qui les différencie tient lieu de forme* » (*Causa*, IV, p. 236). La chose est encore vraie sur le plan moral : « Harmonie et concorde sont absentes où est l'unité ; elles ne sont point là où un être veut absorber tout l'être, mais là où il y a ordre et proportion dans la diversité, où chaque être obéit à sa nature. Que le sens donc se repaisse de choses sensibles, selon sa loi ; que la chair garde la loi de la chair, l'esprit la loi de l'esprit, la raison la loi de la raison : qu'ils ne se confondent pas entre eux, qu'ils ne se troublent pas l'un l'autre » (*Fureurs*, I, 4, p. 184).

2. Homère, *Iliade*, VIII, 15-28 ; Ficin : « Voilà, je pense, la chaîne d'or qu'Homère a vue suspendue au ciel et descendant jusqu'à la terre et qui permet aux hommes qui la saisissent de s'élever jusqu'au ciel » (*Théol. plat.*, XIII, 4, p. 239). La chaîne d'or est le lien substantiel qui parcourt l'univers, en unissant ses extrémités. L'unité des mondes repose sur un principe unique qui se communique en se diversifiant. L'unification du multiple est assurée par des réalités intermédiaires qui assurent la continuité du tout.

Taurum, huncque motum diverso actionis genere, agere in Geminos. Et inde moti varia, consequentíque actione deferantur in Cancrum, similitérque deinceps in aliis : eveniet ut ex intuitu unius, alterius mox inmediatéque consequentis occursum collucremur.

Dux gregis, armenti regem sublatus in iram
In geminósque pedes, impete fronte ferit.
Vindex menté vacans hinc Taurus concitus, ictu
Irruit in
Geminos impaciente fratres.
Germanos iuvenes affines protinus undae
Excipiunt. Cancer rosida prata petit.
Repens obliquó lympharum Cancer alumnus,
Villosi vultum forte Leonis adit.
Percitus inde Leo crinitos surgit in harmos
Unde vagans rapidae visa Puella ferae est.
Hanc petit : illa fugit : quae gressu insana fugaci
Librantem incurrit persica lance virum.
Aestuat hic, cupidis quem dum complexibus haeret :
Attriti Vermis cuspis adunca ferit.
Formidans laetum medicas dum currit ad artes
Poné Sagittiferum sentit adesse virum.
Qui modo stuprata, quam credit virgine laesus
Quo petit hunc iaculo, vulnerat ecce Caprum
Ut primum intrusum ferrum persensit iniqué
Effugit in rapidas praecipitosus Aquas :
Sic caper infoelix á gurgite tractus aquarum ;
Insueta inclusis Piscibus esca datur.

conséquence entre elles[1]. Ce qui est manifeste dans le poème suivant, où l'on conçoit que le Bélier se mouvant vers le Taureau, ce mouvement produit chez ce dernier différents genres d'actions qui influent sur les Gémeaux, puis, sous l'effet des actions et de leurs conséquences, les divers mouvements se reportent sur le Cancer, et ainsi de suite pour les autres signes. Il arrive ainsi qu'à partir de la vision d'une chose nous pouvons acquérir celle qui en résulte aussitôt comme sa conséquence immédiate.

Le Bélier, guide du troupeau, frappe de son front impétueux,
Emporté qu'il est par la colère et ses doubles sabots, le roi du bétail.
Dénué d'intelligence, le Taureau vengeur en est troublé,
Et, sous le coup, il se rue, incapable de se maîtriser, sur les frères Gémeaux.
Les ondes aussitôt reçoivent ces frères germains par alliance.
Le Cancer cherche à gagner les prairies couvertes de rosée.
Soudain, de sa marche oblique, lui, l'enfant des eaux,
S'expose sans doute à la gueule du Lion velu.
Fortement agité, le Lion dresse sa crinière en rugissant;
Puis, dans son errance, la bête violente aperçoit la Vierge.
Il bondit sur la jeune fille qui le fuit affolée
Et, d'un pas rapide, court vers l'homme qui pèse toutes choses
Sur les plateaux de sa Balance de Persée.
Lui bouillonne tandis qu'elle s'accroche à lui en l'embrassant,
Sous l'effet du désir. La pointe usée de l'hameçon ferre le Dragon,
Ce Ver, redoutant la mort, s'élance vers l'art médical.
Il sent derrière lui la présence du Sagittaire.
Ce dernier, offensé par la souillure que la vierge vient de subir,
Décoche ses traits en direction du Dragon.
Mais voilà qu'il blesse le Capricorne : lequel, sentant le fer le pénétrer injustement,
Se sauve en se précipitant dans les eaux impétueuses du Verseau.
Ainsi l'infortuné Capricorne, entraîné par les tourbillons de l'eau,
Est offert en pâture inhabituelle aux Poissons qui y sont enfermés.

1. Bruno fait un parallèle entre la chaîne des êtres qui permet au jugement de relier les réalités supérieures aux inférieures avec le procédé mnémonique courant qui consiste associer entre elles, au moyen d'une fiction, des éléments qui n'ont pas de relation entre eux. *Explicatio triginta sigill. OLC*, II, 2, p. 123-124; *Op mn.*, II, p. 102. : « dans la treizième Intention du *De umbris idearum*, tu disposes de l'explication de la chaîne dont tu peux faire usage de deux manières : en vue du jugement d'abord, lorsque grâce à <cette chaîne> nous possédons la raison des choses, en vertu de laquelle, contemplant les degrés des êtres selon une série déterminée, nous comprenons que l'essence vraie et distincte de chaque être est comme le centre d'un cercle dont la circonférence par la partie supérieure touche le degré inférieur de la nature immédiatement supérieure prochaine, tandis que la partie opposée est contiguë à la partie supérieure de la nature immédiatement inférieure ; et, en second lieu, pour retenir les intentions, lorsque nous faisons en sorte que la fin d'une Intention et d'un concept corresponde au début d'une autre Intention et concept ».

INTENTIO XIIII. O.

Ascensus quidem qui fit per connexa atque concathenata, in proposito umbrarum idealium : non est per cathenam similibus constantem annulis, ratione quae concipitur ex proximé dictis, atque deinceps enunciandis. Nec huius cathenae annulus esse debet umbra sub qua intelligitur Leviathan dormire : non inquam umbra abducens á luce ; sed conducens ad lucem, quae etiam si non sit veritas : est tamen á veritate, et ad veritatem, ideóque in ipsa non credas esse errorem sed veri latentiam.

INTENTIO XV. P.

Non igitur confundens umbrarum significatum per occultam omonimyam, omnino hoc stultitiae genus incurras, ut sine delectu de umbris sentias, intelligas, et decernas, opponitur enim ea quam protegunt aliae umbrae (pro qua dicitur. Protegunt umbrae umbram eius) ei quae elevatur super corporum altitudinem in confinio intelligentiarum. Pro qua dicitur operuit montes umbra eius. A qua ea quae producunt in nobis intelli

INTENTION QUATORZIÈME

Cette ascension qui se fait par connexion ou concaténation, relativement aux ombres idéales, n'est pas une chaîne constituée d'anneaux semblables. Cela se conçoit par les raisons énoncées précédemment, aussi bien que par ce qui suit. L'anneau de cette chaîne ne doit pas non plus être l'ombre sous laquelle on entend que dort le Léviathan [1], non pas l'ombre (dis-je) qui s'écarte de la lumière, mais celle qui conduit à la lumière, et qui, si elle n'est pas la vérité, procède cependant de la vérité et y reconduit, de sorte que tu ne dois pas croire qu'elle est erreur, mais qu'en elle se cache le vrai [2].

INTENTION QUINZIÈME

Afin donc de ne pas confondre la signification des ombres <en te fiant à> une homonymie cachée, ne te précipite pas tout entier dans le genre de folie <qui consiste à> penser, concevoir et juger des ombres sans discernement. Car l'ombre que protègent les autres ombres (en vertu de laquelle il est dit : *les ombres protègent de son ombre*) [3] s'oppose à celle qui s'élève au-dessus de l'altitude des corps, aux confins des intelligences, dont il est dit *son ombre*

1. *Job*, 40, 16 : *sub umbra dormit.* Voir *De monade*, IV ; *OLC*, p. 363, et V ; *OLC* p. 390 : « Neque modicum est quod in libro Iobi (ubi profunda Chaldeorum arcana continentur) de Behemoth dicitur : *Sub umbra dormit in secreto calami et in locis humentibus, protegunt umbrae umbram eius* » (« ce n'est pas peu ce qui est dit du Béhémoth dans le livre de Job (où sont contenus les profonds secrets des Chaldéens) : "*il dort sous l'ombre, caché par les roseaux et dans les lieux humides ; les ombres protègent de son ombre*" »).

2. Dans l'introduction des *Lampas triginta statuarum*, Bruno explicite ainsi sa méthode d'exposition : « L'ordre par lequel nous devons procéder va des réalités sensibles, mieux connues de nous, et des images fantastiques en direction des universaux objet de l'intellect et de la contemplation, qui sont les causes et les raisons des choses plus particulières ; et de ces dernières comme à partir de causes et de principes, nous pourrons choisir les intermédiaires par une opération facile ». La méthode est inspirée du prologue de la *Physique* : la démonstration du fait (*quia*) donne lieu à la connaissance de la cause qui en retour appelle la démonstration de l'effet (*propter quid*). Bruno poursuit en introduisant le travail de l'imagination et en évoquant la signification mnémonique des figures et similitudes utilisées par les anciens sages : « Les réalités sensibles seront les espèces figurées et les œuvres forgées par la fantaisie et l'imagination, au moyen desquelles nous voulons que soient signifiées ensuite les notions plus éloignées des sens. Nous restaurons par conséquent l'usage et la forme des anciennes philosophies et des premiers théologiens qui par des types et similitudes de ce genre n'entendaient pas tant dissimuler les secrets de la nature qu'au contraire les montrer, les expliquer, les ordonner et les accommoder plus facilement à la conservation par la mémoire » (*OLC*, III, p. 8 ; *Op. mag.*, p. 938-940). Les ombres et images de la mnémotechnique sont des artéfacts et des signes permettant de signifier et d'évoquer les notions intelligibles éloignées des sens.

3. *Job*, 40, 17.

gentiam et memoriam, deducuntur et emanant : Et in quam tandem scandentia versus lucem terminantur. Hanc, vel huic similem figura tam habent, qui Cabalistae dicuntur, quia velamen quod erat Typicé seu figurativé in facie Mosis : figuraté veró in facie legis : non erat ad deceptionem ; sed ad ordinaté promovendos hominum oculos, in quibus accidit laesio si repenté de tenebris in lucem promoveantur. Neque enim natura patitur inmediatum progressum ab uno extraemorum ad alterum : sed umbris mediantibus, adumbratóque lumine sensim. Naturalem videndi potentiam perdidere nonnulli de tenebris in repentinam lucem prodeuntes tantum abest ut perquisito potirentur obiecto. Umbra igitur visum preparat ad lucem. Umbra lucem temperat. Per umbram divinitas oculo esurientis, sitientísque animae caliganti, nuncias rerum species temperat, atque propinat. Eas igitur umbras quae non extingunt : sed servant, atque custodiunt lucem in nobis ; et per quas ad intellectum, atque memoriam promovemur, atque perducimur, recognosce.

couvrit les montagnes[1]. C'est par elle que l'intelligence et la mémoire sont produites en nous, c'est d'elle qu'elles découlent et émanent, et c'est en elle que s'achèvent enfin celles qui remontent vers la lumière. C'est cette ombre, ou une semblable, qu'ont figurée ceux qu'on appelle les cabalistes, car le voile qui était allégoriquement ou figurativement sur le visage de Moïse[2], figurativement sur le visage de la loi, n'était pas destiné à tromper, mais à guider de manière ordonnée la vision des hommes, dont les yeux auraient été blessés s'ils étaient passés subitement des ténèbres à la lumière[3]. Car la nature ne progresse pas immédiatement d'un extrême à l'autre[4], mais par l'intermédiaire des ombres et au moyen d'une lumière graduellement ombragée. Certains ont perdu la puissance naturelle de voir en avançant des ténèbres vers une lumière soudaine, bien loin de s'emparer de l'objet recherché.

L'ombre prépare donc la vue à la lumière. L'ombre tempère la lumière. Par l'ombre, la divinité tempère et offre à l'œil *avide et assoiffé de l'âme*[5] plongée dans l'obscurité, les espèces annonciatrices des choses[6]. Reconnais par conséquent que ces ombres n'éteignent pas la lumière en nous, mais la conservent et la protègent, et qu'elles nous entraînent et nous conduisent en direction de l'intellect et de la mémoire.

1. *Psaumes*, 79, 11.

2. *Exode*, 34, 33-35.

3. L'ombre tempère la lumière, la conserve et la protège, plus qu'elle ne la masque et la dissimule. Sur cette nécessaire accommodation, voir notamment *République*, 516a : les prisonniers de la caverne ont « besoin d'accoutumance pour arriver à voir les choses d'en haut ». Le passage est ainsi paraphrasé par Ficin : « Aussi n'est-ce pas brusquement (*non subito*), mais peu à peu, par degrés convenables (*sed paulatim convenientibus gradibus*), qu'il faut l'amener des ombres des objets en présence des objets eux-mêmes et de l'image de la lumière à la lumière véritable » (*Théol. plat.*, VI, 2, p. 233). Idée reprise dans *Fureurs* sur les causes d'aveuglement : « Un autre lui succède, qui dit être devenu aveugle pour avoir émergé soudainement de l'obscurité à la vue d'une grande lumière ; en effet, à ses yeux accoutumés à l'éclat des beautés communes, vint tout à coup se présenter une beauté céleste, un soleil divin » (II, 4, p. 430).

4. Voir Averroès, *In de sensu et sensato :* « Natura enim non vadit de opposito ad oppositum nisi per medium ; et impossibile est ut spirituale acquiratur a corporali nisi per medium » (*Arist. op.*, VI, *Parva naturalia*, f. 16B). Dans un contexte analogue, voir *Fureurs*, Arg., p. 47-49 : « d'une forme à la forme contraire, il n'y a pas de progrès immédiat, non plus que de régression immédiate à la première forme, mais il faut parcourir sinon toutes du moins un très grand nombre de formes contenues dans la roue des espèces naturelles ».

5. *Psaumes*, 106, 5.

6. L'idée est traditionnelle. Voir Bernard de Clairvaux, *Sermons sur le Cantique*, XXXI, 8 et 9, où cette « ombre et figure » regarde d'abord le sens anagogique : « En effet, comme nous le disons, les anciens n'avaient que l'ombre et la figure (*umbram figuramque*), nous, grâce à Jésus-Christ que s'est rendu présent par la chair, nous possédons la vérité même ». Il poursuit : « Mais on ne peut nier que l'ombre de la foi soit bonne puisqu'elle tempère la lumière qui éblouirait nos yeux faibles et débiles, et les prépare à supporter l'éclat de cette lumière (*Et bona fidei umbra, quae lucem temperat oculo clignanti, et oculum praeparat luci*) ». L'idée, chez Bruno, regarde la connaissance intellectuelle et l'activité mnésique.

INTENTIO XVI. Q.

In suo genere dixit Theologus nisi credideritis, non intelligetis : et in suo genere confirmant philosophi ex concessis positisque iis quorum fides esse dicitur (quae fides apud Pythagoricos erat de non demonstratis, apud Peripateticos de non demonstrabilibus, apud Platonicos de utrisque) aucupandas esse scientias : et ex (iis quae in virtute, et radice, et implicatione quadam continent, ad formarum explicationem, et per naturalem, et rationalem cursum nobis est progrediendum. Natura dat involutas species, antequam tradat easdem explicatas. Similiter Deus, similiter et artes quae divinum, et naturalem ordinem pro dignitate persequntur. Si quibus veró arduum videtur in umbris exerceri, et vanitatis suspectum si per eas ad lucem non pateat accessus : norint talem defectum non esse ab umbris. Norint etiam sat expedire vel involutum tenere, quod nudum non capias.

Intention seizième

À sa manière, le Théologien a dit : *si vous ne croyez pas, vous ne comprendrez pas*[1]. À leur manière, les philosophes le confirment, lorsqu'ils disent qu'on doit rechercher les sciences à partir de prémisses concédées ou présupposées en lesquels on dit avoir foi[2] : cette foi, selon les pythagoriciens, est relative aux principes non démontrés; selon les péripatéticiens aux principes non démontrables[3]; selon les platoniciens, elle est relative aux deux. Et nous devons progresser à partir de prémisses qui contiennent la connaissance virtuellement, dans la racine et l'implication, vers l'explication des formes, en suivant un cours et naturel et rationnel. La nature donne des espèces enveloppées avant de les transmettre expliquées. Dieu procède pareillement, tout comme les arts qui, selon leur mérite, suivent un ordre divin ou naturel[4]. Mais si certains trouvent ardu l'exercice relatif aux ombres, et suspect de vanité pour autant qu'accéder à la lumière par les ombres n'est pas évident, qu'ils sachent que ce défaut ne provient pas des ombres. Qu'ils sachent également qu'il convient de tenir enveloppé ce que tu ne saurais appréhender nu.

1. *Isaie*, 7, 9 (dans la version de la Septante). Voir Nicolas de Cues, *De doct. ignor.* III, 11 : « Tous nos principaux théologiens assurent unanimement que la foi est le commencement de l'intelligence (*fidem initium esse intellectus*). Pour toute faculté en effet, on doit présupposer certaines choses qui tiennent lieu de premiers principes, que l'on appréhende par la seule foi et dont est tirée l'intelligence de la matière traitée. Comme le dit Isaïe : *Nisi credideritis, non intelligetis* ». Dans la *Cabala*, Bruno fait de l'âne ou l'ignorance le symbole de la sagesse et développe le paradoxe selon lequel l'ignorance est « le moyen terme par lequel la sagesse s'unit à la vérité ». À propos de la foi théologique et philosophique, voir notamment, p. 58 : « Certains talmudistes donnent la raison morale d'une telle influence, arbre échelle ou dépendance, en disant que si l'âne est bien le symbole de la sagesse dans les Sephiroth divins, c'est parce que celui qui veut pénétrer les secrets et refuges cachés de cette sagesse doit nécessairement s'employer à être sobre et patient, avoir le museau, la tête et le dos d'âne : il doit avoir le caractère humble, soumis et réservé, et des sens qui ne fassent pas de différence entre les chardons et la laitue ».

2. La foi, voir par exemple *Summa term. metaphysic.*, *OLC*, I, 4, p. 71-72 : « La foi regarde soit l'action, comme lorsqu'on dit du serviteur qu'il est fidèle; soit la connaissance. Cette dernière est double, théologique et philosophique. La foi théologique est une certaine certitude relative à des premiers principes tenus pour évidents par soi (même sans raisons compréhensibles), parce qu'ils sont exprimés par une intelligence supérieure qui ne trompe ni ne saurait tromper; la foi philosophique au contraire est une certaine certitude évidente par soi pour les sens ou la vue ou qui provient de l'habitus des premiers principes. Par conséquent, la foi, qu'elle soit théologique ou philosophique, regarde des principes indubitables ». Sur la foi, dans le même ouvrage, voir également p. 99-100 et p. 126.

3. Voir *Seconds analytiques*, I, 2, 711a26-28. Et sur le sujet, l'ensemble des chap. II et III.

4. L'énumération de ces trois ordres (naturel, divin et artificiel) correspond à la distinction entre les universaux *in re*, *ante rem* et *post rem* sur laquelle s'appuie le *De imaginum compositione*, voir *supra*, « Introduction ». Sur les rapports entre l'art, la nature et l'intellect divin, voir *Sigillus sigil.*, II, 3-5, ainsi que mon introduction à la traduction du texte (Paris, Vrin, 2020). Sur la conception d'inspiration plotinienne de la production naturelle et divine, voir notamment *De la causa*, dial. II.

INTENTIO XVII. R.

De umbris physicis, sunt ex arboribus et herbis quae fugant serpentes, et mitiora fovent animantia : sunt et contrariae iis. De umbris autem idealibus (si veré sint ideales) cum omnes referantur ad intellectum et ad purgatum sensum interiorem non sunt quae maximé non conducant si per eas fiat ascensus, et non dormiatur sub eisdem

INTENTIO XVIII. S.

Non dormies si ab umbris physicis inspectis ad proportionalem umbrarum idealium considerationem promoveris. Si ab oculis nostris elongatum corpus ad distantem lucem accedat : minoratur illius ad oculos nostros umbra : sed ipso corpore magis á luce recedente, minor ab illo transfunditur umbra, visuíque maius affertur impedimentum.

INTENTIO XVIIII. T.

Maiora intensione lucis et densitate corporis, umbra perspicacior efficitur : expressior inquam redditur, atque formatior, quod inde est, quia in densitate, et raritate ; continuitate et discontinuitate corpus imitatur. At vero talis imitatio per corpus detegitur.

INTENTIO XX. V.

Umbra motum corporis simul persequitur atque lucis. Movetur corpus ? Umbra movetur. Movetur lux ? Umbra movetur. Movetur utrumque ? Umbra movetur. Contra physicas observantias idem subiectum

Intention dix-septième

Relativement aux ombres physiques, il en est qui proviennent d'arbres et de plantes que fuient les serpents et que recherchent les animaux plus doux; il en est qui ont des <qualités> contraires. Quant aux ombres idéales (supposé qu'elles soient véritablement idéales), comme toutes se rapportent à l'intellect et au sens interne purifié, il n'en est aucune qui ne soit parfaitement avantageuse si l'on s'élève par leur moyen, et si l'on ne s'endort pas sous elles.

Intention dix-huitième

Tu ne dormiras pas si tu progresses depuis l'examen des ombres physiques jusqu'à la considération proportionnelle des ombres idéales. Si un corps éloigné de nos yeux se rapproche de la lumière distante, son ombre rétrécit à nos yeux; mais si le même corps s'éloigne de la lumière, l'ombre qu'il porte devient plus petite et la vue rencontre un plus grand obstacle [1].

Intention dix-neuvième

Une lumière plus intense et un corps plus dense rendent l'ombre plus visible : elle devient plus saillante et plus précise, ce qui vient de ce qu'elle imite le corps en densité, rareté, continuité et discontinuité. Mais alors cette imitation est révélée par le corps.

Intention vingtième

L'ombre suit le mouvement du corps en même temps que celui de la lumière. Le corps se meut-il? Son ombre se meut. La lumière se meut-elle? L'ombre se meut. Les deux se meuvent-ils? L'ombre se meut [2]. Contrairement

1. Cf. *Cena*, III, p. 154. Bruno distingue ici la théorie des ombres physiques de la perspective visuelle.

2. Considérations physiques relatives au sujet de l'ombre : *cf.* les Intentions II et III (l'ombre comme composée de lumière et de ténèbres). Elle est relative au corps qui projette, elle affecte le sujet qui reçoit, mais elle est aussi un état ou un mode de la lumière. Le problème est au cœur du *Spaccio* qui met en scène les dieux antiques sujets au changement; et l'effet des sujets qui reçoivent sur l'image réfléchie de la vérité. « Ainsi disparaissent la crainte, la piété, la vénération qu'on nous témoignait, l'honneur, le respect et l'amour; ils s'en vont avec la force, la providence, la vertu, la dignité, la majesté et la beauté qui s'envolent de nous, tout comme l'ombre s'envole avec le corps. La vérité seule, avec l'absolue vertu, est immuable et immortelle » (*Spaccio*, I, p. 88).

(subiectum inquam motus) simul diversis, contrariisque subest motionibus. Quid. n ? nonne necessario motum corporis ad lucem sequitur umbra ? et motum lucis ad corpus sequitur umbra ? numquid solvitur haec necessitas amborum concursu cum oppositis movebuntur lationibus ? Porró adverte quemadmodum ad lucis motum movetur umbra quasi fugiens ; ad corporis autem motum quasi sequens : unde non videtur implicari contrarietas, sed concordantia in fuga unius, et prosequtione alterius oppositi, atque contrarii. Caeterum quomodo sit in istis, et proportionaliter in aliis : tu ipse perquire et considera : per nos enim res plusquam sat est aperitur iis, qui in haec et alia animum advertent.

INTENTIO XXI. X.

Non te praetereat tandem umbrarum cum ideis similitudo tum enim umbrae, tum et ideae non sunt contrariae contrariorum. Per unam speciem cognoscitur in hoc genere pulchrum et turpe ; conveniens et inconveniens ; perfectum, et imperfectum, bonum et malum. Malum enim imperfectum, et turpe proprias quibus cognoscantur non habent ideas : quia tamen cognosci dicuntur et non ignorari, et quidquid cognoscitur intelligibiliter per ideas cognoscitur : in aliena specie cognoscuntur, non in propria quae nulla est. Illud enim quod est eis proprium, est non ens in ente, vel (ut apertius dicam) defectus in effecto.

aux observations de la physique, le même sujet (je parle du sujet du mouvement) est simultanément soumis à deux mouvements différents et contraires. Pourquoi ? L'ombre ne suit-elle pas nécessairement le mouvement du corps vers la lumière, et le mouvement de la lumière vers le corps ? Cette nécessité ne se dissipe-t-elle pas lorsque les deux se meuvent ensemble dans des directions opposées ? Prends garde également à la manière dont l'ombre se meut du fait du mouvement de la lumière comme si elle [la] fuyait ; qu'elle se meut également en raison du mouvement du corps, comme si elle le poursuivait. Il semble donc que cela n'implique pas la contrariété, mais la concorde dans la fuite de l'une et la poursuite de l'autre opposé et contraire. Tu peux par ailleurs rechercher et examiner par toi-même comment cela se passe dans ces choses, et dans d'autres, proportionnellement. Car, en ce qui nous concerne, le sujet est expliqué plus que suffisamment à ceux qui tourneront leur esprit vers ces choses et vers d'autres.

Intention vingt-et-unième

Que ne t'échappe pas enfin la similitude entre les ombres et les idées, ni le fait que les ombres, non plus que les idées, ne sont pas contraires des contraires. On connaît en général le beau et le laid par une même espèce ; il en va de même pour le convenable et le non-convenable, le parfait et l'imparfait, le bien et le mal[1]. Le mal, l'imparfait et le laid n'ont en effet pas d'idées propres par lesquelles ils sont connus ; car bien qu'on les dise connus et non ignorés, et que tout ce qu'on connaît le soit intelligiblement par les idées, ces choses sont connues par une espèce étrangère, non par leur espèce propre qui n'est rien.

1. Voir *Lampas trig. stat.*, « De statua Vulcani », XXI (*OLC*, III, p. 87 ; *Op. mag.*, p. 1118) : « Le vase de Pandore qu'il [Vulcain] avait fabriqué, dans lequel étaient contenues les espèces de toutes choses et dont tous les maux ont été déversés sur les hommes, montre comment les formes qui dans le champ de la matière sont contraires les unes aux autres, mais conviennent en dehors de la matière et sont d'une certaine manière une : ainsi les concepts du bien et du mal sont identiques, comme celui du laid et du beau, du doux et de l'amer, etc. : en dehors de la matière ils ne peuvent être séparés l'un de l'autre, tandis que dans la matière ils s'accordent à peine et sont même au plus haut point distants l'un de l'autre ».

INTENTIO XXI. Y.

Umbram si appellaveris accidens corporis á quo proiicitur : habes accidens unius subiecti á quo recedat, et ad quod redeat vel secundum eandem speciem : vel secundum eumdem numerum : Si volueris eam esse accidens eius in quod proiicitur ; iam facies accidens ita ab uno subiecto separabile : ut idem numero diversa pererret subiecta : ut cum per motum lucis, aut equi, umbra equina quae proiiciebatur in lapidem ; nunc proiicitur in lignum. Hoc est contra physicam accidentis rationem : nisi in Scyllam te transportes negando umbram esse accidens. Porró quid dicimus de idealibus umbris ? ipsas nec substantias esse intelligas, nec accidentia : sed quasdam substantiarum, et accidentium notiones. Si cui placeat eas animi, rationísque accidentia dicere, imperité dicet : non enim sunt habitus, nec dispositiones, nec facultates innatae vel accedentes : sed quibus, et per quas dispositiones quaedam, habitus, facultatésque producuntur atque consistunt. Recté enim speculantibus substantia et accidens non dividunt quidquid esse per universum dicitur, ut modo supponimus. Consideratio ista non modicum valet ad umbrarum rationem habendam.

En effet, ce qui leur est propre, c'est le non-être dans l'être ou encore (pour parler plus clairement) le défaut dans l'effet [1].

INTENTION VINGT-DEUXIÈME

Si tu définis l'ombre comme un accident du corps dont elle est la projection, tu en feras l'accident d'un sujet dont elle se sépare et auquel elle retourne, soit selon la même espèce, soit selon le nombre. Si tu veux qu'elle soit l'accident du sujet sur lequel elle se projette, tu en feras alors l'accident séparable d'un sujet un : identique en nombre, elle parcourra des sujets divers, comme lorsque le mouvement de la lumière ou du cheval fait que l'ombre équine qui était projetée sur la pierre se projette désormais sur le bois. Ceci est contraire à la raison physique de l'accident, à moins que tu ne te transportes en Scylla en niant que l'ombre soit un accident.

En outre que disons-nous des ombres idéales ? Tu ne les conçois ni comme des substances ni comme des accidents, mais comme les notions des substances et des accidents. Si quelqu'un voulait dire qu'elles sont les accidents de l'esprit et de la raison, ce serait parler avec imprudence. Car elles ne sont pas des habitus, des dispositions ni des facultés innées ou acquises, mais ce grâce à quoi et au moyen de quoi sont produits et consistent les habitus et les facultés [2]. En effet, à y réfléchir correctement, la substance et l'accident ne divisent pas

1. Sur la définition du mal, voir Plotin, *Ennéades*, I, 8, 3 : le mal « est en quelque sorte la forme du non-être (*quasi quandam non entis speciem*) et participant du non-être ». Sur l'identité de contraires, Plotin, *Ennéades*, V, 9, 10 : « Le lieu, là-bas, c'est l'intériorité réciproque des notions. Puisque là-bas, tout est à la fois, ce qu'on peut en percevoir est toujours une essence intellectuelle ; tout être y a la vie en partage, que ce soit le même ou l'autre, le mouvement ou le repos, le mobile ou l'immobile, la substance ou la qualité. Tout y est substance ; car chaque être est en acte et non en puissance ; de sorte que la qualité d'un être n'y est jamais séparée de sa substance. [...] Le mal en notre monde vient en effet d'un manque, d'une privation, d'un défaut, il est la manière d'être d'une matière ou d'une chose assimilable à la matière, qui échoue dans son effort pour atteindre la forme ». La thèse est ainsi résumée par Ficin, *In Enn.*, V, 9, 10 (*Plotin op.*, p. 562) : « Formalia in mundo omnia et motus actionesque et effectus eorum naturali et speciali quodam ordine procedentes, proprias habent ideas. Defectus vero formarum progressionumque naturalium nequequam, sed aliunde contingunt, et per ideas formalium cognoscuntur ».

2. Le problème posé, au moyen des paradoxes relatifs aux ombres physiques, renvoie à la tension entre la « réalité formelle » (comme modification ou accident de l'esprit) et la « réalité objective » des idées (relative aux objets représentés). On notera que la critique de la thèse faisant des ombres ou notions les accidents des facultés de l'esprit repose sur le fait que ces facultés ou dispositions sont l'effet et non la cause ou le principe des ombres idéales : l'esprit s'organise au moyen de ses objets. La question est développée dans le *Sigillus sigillorum*, notamment autour de la notion de « contraction ». Ce décentrement est appelé ici par la théorie des ombres qui s'écarte de la perspective visuelle. En ce sens, l'art de la mémoire proposé ici n'est pas sans rapport avec les thèses cosmologiques des dialogues italiens.

INTENTIO XXIII. Z.

Umbra non subest tempori, sed istius tempori, non loco sed istius loco, non motui sed istius motui. Similiter de oppositis est intelligendum. Abstrahitur ergo ab omni veritate, sed non est sine illa. Et non reddit ineptos ad illam (si idealis sit umbra) concipere enim facit contraria et diversa, cum sit unum. Umbrae enim nihil est contrarium, preciséque nec tenebra, nec lux. Ad umbram ergo arboris scientiae confugit homo pro cognitione tenebrae, et lucis; veri, et falsi, boni, et mali, cum quaereret ab illo Deus ADAM UBI ES?

INTENTIO XXIIII. Ψ.

Illud etiam non est praetermittendum quo minus consideretur, quod unum corpus opacum duobus vel pluribus oppositum luminaribus : duas vel plures proiicit umbras. Intellige igitur quomodo, et penes quid umbra sequatur corpus : et quomodo penésque quid lucem consequatur : et considera quemadmodum umbram producit á corpore uno multiplicem lux multiplex : innumerae luces innumeras umbras, licet sensibiliter non appareant. Consequitur ergo alio modo lucem umbra, licet eam alios ratione confugere videatur.

tout ce qui peut être dit dans l'univers, comme du moins nous le supposons [1]. Cette considération ne concerne pas peu la raison des ombres.

INTENTION VINGT-TROISIÈME

L'ombre n'est pas sujette au temps, mais au temps de ceci, non pas au lieu, mais au lieu de ceci, non pas au mouvement, mais au mouvement de ceci. Il faut concevoir pareillement les opposés. Elle est donc séparée de toute vérité, mais n'est pas sans elle. Et elle ne rend pas incapable de l'atteindre (si elle est une ombre idéale), car elle fait concevoir les choses contraires et diverses, bien qu'elle soit une. Rien n'est contraire à l'ombre, ni les ténèbres ni la lumière. Par conséquent, l'homme se réfugia à l'ombre de l'arbre de la science en vue de la connaissance des ténèbres et de la lumière, du vrai et du faux, du bien et du mal, alors que Dieu l'appelait : *Adam, où es-tu* [2] ?

INTENTION VINGT-QUATRIÈME

Il ne faut pas non plus négliger <ce fait>, pour le motif qu'il serait moins à considérer, qu'un unique corps opaque opposé à deux ou plusieurs sources de lumière projette deux ou plusieurs ombres. Conçois donc comment et en vertu de quoi l'ombre suit le corps, et considère la manière dont une lumière multiple produit une ombre multiple à partir d'un corps unique : et des lumières innombrables des ombres innombrables, même si elles n'apparaissent

1. Formule elliptique et ambiguë puisque l'idée que l'ombre ne soit pas un accident vient d'être présentée, quelques lignes plus haut, comme un paradoxe. La remarque est donc problématique et appellerait sans doute les développements consacrés aux notions de cause, de principe et d'unité qui feront l'objet du *De la causa*.

2. *Gen.* 3, 9. L'arbre de la connaissance du bien et du mal, c'est-à-dire de la connaissance des contraires et de leur mélange, fait naître la contrariété et l'insatisfaction dans l'esprit. Il caractérise la condition de l'homme privé de la pleine vision. Cela n'exclut pas que ce genre de connaissance soit à condamner comme le prouve la citation du Cantique de la première Intention. Voir *Fureurs*, I, 2, p. 96-98 : « Telles sont les conséquences de la composition des choses. Et de là vient que nul n'est satisfait de sa condition, sinon quelque insensé, quelque stupide, d'autant plus satisfait qu'il se trouve au dernier degré de la phase obscure de sa folie : alors il n'a plus guère, ou plus du tout conscience de son mal ; il jouit d'être présent, sans crainte du futur, pleinement content de soi et du monde qui l'environne, il n'a ni remords ni souci de ce qu'il est ou peut être ; pour tout dire il n'a aucun sentiment de la contrariété figurée par l'arbre de la connaissance du bien et du mal ». Cet état de béatitude est « le jardin de paradis des animaux », auquel Bruno oppose la formule de Salomon : « qui augmente sa sagesse augmente sa douleur » (*Eccl.* 1, 18).

INTENTIO XXV. A.

Nec te praetereat quod ut umbra lucem fugiat corporis quantitatem mentitur : et non nisi in certa unicaque distantia, situ, et dispositione : secundum longitudinem, et latitudinem corpori aequalem, ab opposita luce producitur umbra, adeo ut ipsam lucem nihil magis fugere videatur, quám corporis quantitatem per umbram insinuare. Sol quippé quibusdam in locis numquam umbram corpori reddit aequalem, in aliis vero rarius et ad modicum temporis.

INTENTIO XXVI. E.

Si magnitudo corporis opaci lucidi corporis magnitudinem excaedat ; producit umbrae conum in corpo-re, basim vero proiicit in infinitam seu interminatam distantiam. Si vero magnitudo lucis, corporis opaci magnitudinem excaedat : producit umbrae basim in corpore, conum veró determinabit in sua extra corpus ipsum proiectione ad talem, tantamque distantiam : quantam magnitudo corporis lucidi supra opaci corporis magnitudinem proportionalem obtinuit rationem. Hinc umbra quam lunae corpus lucidum produceret de terra in partem oppositam (posito quod sol absit ab hemisphaerio inferiori) haberet pro cono certam terrae marginem : basis vero eius extra terram quasi in infinitum crescens non esset determinabilis. Umbra vero quam solis corpus producit de terra : habet certos terrae terminos pro basi : conus autem ipsius Mercurii sphaeram non attingit. Iam simile de ideis umbrisque ipsarum iudicium facito.

pas aux sens. L'ombre suit donc d'une certaine façon la lumière, bien qu'elle paraisse la fuir pour une autre raison [1].

INTENTION VINGT-CINQUIÈME

Ne doit pas non plus t'échapper le fait qu'en fuyant la lumière, l'ombre contrefait la quantité du corps, et que l'ombre n'est produite par la lumière opposée, sinon dans une certaine et unique distance, lieu et disposition, relativement à la longitude et à la latitude égale au corps, de sorte que <l'ombre> paraisse rien fuir davantage que la lumière même, plutôt que de communiquer la quantité du corps au moyen de l'ombre. Le fait est que le soleil en certains lieux ne rend jamais l'ombre égale au corps, mais dans d'autres lieux plus rarement et pendant peu de temps.

INTENTION VINGT-SIXIÈME

Si la grandeur du corps opaque excède celle du corps lumineux, il produit un cône d'ombre sur le corps mais projette la base à une distance infinie et indéterminée. Si au contraire la grandeur du corps lumineux excède celle du corps opaque, elle produit la base <du cône d'ombre> sur le corps, mais le cône déterminera dans sa propre projection en dehors du corps la distance, laquelle sera aussi grande que la grandeur du corps lumineux obtenue rationnellement au-dessus de la grandeur du corps opaque qui lui est proportionnelle [2]. De là, l'ombre que le corps lumineux de la lune produit à partir de la terre dans la partie opposée (supposé que le soleil soit absent de l'hémisphère inférieur) aurait pour cône une marge déterminée de la terre ; mais la base de ce cône en dehors de la terre croît presque à l'infini et ne serait pas déterminable. Inversement, l'ombre que le corps du soleil produit à partir de la terre a des limites déterminées sur la terre en fonction de la base du cône, mais son cône ne touche pas la sphère de Mercure même. Tu jugeras désormais pareillement des idées et de leurs ombres.

1. La considération optique permet de soutenir que l'ombre suit le corps, aussi bien que la lumière. Elle corrige l'Intention précédente et relativise la distinction scolaire entre les universaux *ante rem*, *in re* et *post rem*.

2. Voir *Cena*, III, p. 142-156. Ainsi on peut démontrer que le soleil est plus grand que la terre : « Cet argument repose sur le principe que le corps lumineux le plus grand, en répandant sa lumière sur un corps opaque plus petit, fait de celui-ci la base d'une ombre conique dont le cône se poursuit à l'opposé » (p. 142-144). Voir le Dialogue préliminaire.

INTENTIO XXVII.

Unde nota quemadmodum de luce et tenebra (tenebram enim densitatem corporis appello) nascitur umbra, cuius lux pater est, tenebra mater : et non adest nisi hac et illo praesente : atque ita sequitur lucem, ut eamdem fugiat : quasi pudeat ipsam matris speciem praesentare patri : ut pudore saltem regiam progeniem protestetur. Veluti genere nobiles qui nobilitatem ipso habitu monstrare non valentes, ipso satis proprii habitus pudore demonstrant. Hinc crescente luce attenuatur, quae illa se contrahente dilatatur : eademque totum circumplectente corpus fugit.

INTENTIO XXVIII.

Sicut ex interposito perpendiculariter super planum inter Arcton et oculum gnomone, ex umbra imaginabili lineam lucramur meridianam : et infallibiliter alias multas temporum differentias quae in nocturno polarium stellarum circuitu ad differentias partium circelli quas linea in illius tensa circumferentiam per numeros manifestat. Non minus et ideales umbrae per physica corpora ad ideas innumeras poterunt tibi rerum significare proprietates et differentias.

INTENTIO XXVIIII.

Et veluti sol sex umbrarum cardinales immittit differentias. Aliam oriens : cum proiicit umbram corporis in occasum ; Aliam occidens, cum extendit illam in orientem. Aliam meridianus et in Australi latitudine versus Boream. Aliam in latitudine Septentrionali versus Austrum. Aliam si nullam admittit latitudinem. Ex cingulo (quod aiunt) caeli perpendiculares intendens radios, versus nadir suum terrae producit umbram. Ab ipso autem emisphaerii alterius opposito versus augem effundet ipso progressu attenuandam umbram. Ita nobis in orizonte naturae, et in aequilibrata rectáque eiusdem sphaera constitutis sub aequinoctiali sensus, vel intellectus aequidiali : sex sub aeternis ideis formantur umbrarum differentiae, ex quibus omnimodam ad lucem conversionem possimus accipere.

INTENTION VINGT-SEPTIÈME

Relève ainsi de quelle manière l'ombre naît de la lumière et des ténèbres (car j'appelle ténèbres la densité du corps) : la lumière en est le père et les ténèbres, la mère [1]. Et elle n'est présente que si l'une et l'autre sont présentes. Elle ne suit la lumière qu'en la fuyant, comme si elle-même avait honte de présenter à son père l'aspect de sa mère et pour au moins témoigner par sa pudeur de son ascendance royale, comme le font les nobles de naissance qui ne pouvant montrer leur noblesse par des actes, en témoignent suffisamment par leur pudeur. Pareillement, lorsque la lumière augmente, l'ombre s'atténue ; et elle se dilate lorsque la lumière se contracte. Et si la lumière enveloppe tout le corps, l'ombre fuit.

INTENTION VINGT-HUITIÈME

De même, après avoir interposé de manière perpendiculaire sur un plan un gnomon entre l'Ourse et l'œil, nous obtenons une ligne méridienne qui provient de l'ombre imaginable et sans nous tromper maintes autres différences temporelles, qui <correspondent> au circuit nocturne des étoiles polaires suivant les différentes parties du cercle plus petit, dont la ligne tendue manifeste la circonférence à travers les parties mesurées du tout. Les ombres idéales au moyen des corps physiques ne te permettront pas moins de faire connaître les propriétés et les différences des choses, conformément aux idées innombrables.

INTENTION VINGT-NEUVIÈME

Ainsi le Soleil émet-il six différences cardinales relativement aux ombres. L'une à l'Orient, lorsqu'il projette l'ombre d'un corps vers l'Ouest ; l'autre à l'Occident, lorsqu'il étend cette ombre vers l'Est. L'une au méridien et sur la latitude australe vers Borée. L'autre sur la latitude septentrionale vers l'Austral. Une dernière à défaut de n'admettre aucune latitude. De la ceinture du ciel (comme ils disent), le Soleil dirige ses rayons perpendiculaires vers le nadir, ce qui produit l'ombre sur la Terre. Depuis la partie opposée de l'autre hémisphère, il répandra ses rayons vers l'augée pour réduire progressivement l'ombre. De la sorte, notre sens et notre intellect ont été établis sous l'équinoctial ou équinoxial dans l'horizon de la nature et la sphère harmonieuse et régulière qui est la sienne. Sous les idées éternelles, six différences

1. Voir *Summa term. metaphys.*, *OLC*, I, 4, p. 84 : « par les ténèbres nous entendons la puissance passive des choses, et par la lumière, la puissance active ; par les ténèbres, la matière, par la lumière l'acte ; par les ténèbres la femelle, par la lumière, le mâle ».

INTENTIO XXX. A.

Ut vero intelligis omnes umbrarum differentias ad sex cardinales tandem referri : non minus scire debes quod omnes tandem ad unam foecundissimam, aliarumque fontem generalissimum reduci debeant. In proposito (inquam) nostro una potest esse omnium idearum umbra, Additione, substractione, et alteratione generaliter dictis omnes alias conflans, iudicans, atque praesentans. Sicut in arte materialiter per substantivum subiectum, formaliter autem per adiectivum, quae recipiunt in se ipsis alterantia, transponentia et universaliter diversificantia : Analogiam enim quandam admittunt methaphysica, et logica, physica : seu ante naturalia, naturalia, et rationalia. Sicut verum, imago, et umbra. Caeterum idea in mente divina, est in actu toto simul te, unico. In intelligentiis sunt ideae discretis actibus. In coelo, in potentia activa multiplici et successivé. In natura per vestigii modum quasi per impressionem. In intentione, et ratione per umbrae modum. Adest paradigma unius, ideae actu infinitas rerum differentias habentis, et unius umbrae in facultate infinitarum differentiarum. Linea AB iacens lineam CD perpendiculariter cadentem et duos rectos angulos constituentem excipit. Iam si linea cadens inclinetur versus B : reddet angulum acutum ex una parte, ex altera vero obtusum. Magis atque magis inclinata in F, G, H, I, K, et ita deinceps; obtusos, acutósque magis hinc inde dabit angulos. Ita patet quomodo in facultate duarum illarum rectarum linearum; sint infinitae acutorum, obtusorumque angulorum differentiae. In prima causa haec facultas non differt ab actu, quae, et in qua quidquid esse potest, est. Quandoquidem esse et posse idemtificantur in ea. Ideoque in ipso D infinitae simul; et unum sunt angulorum differentiae. In motore caelesti est in potentia activa : sicut in manu quae potest movere in punctum E, F, G, et alios innumeros : non tamen movit. In coelo sicut in mixto ex activo et passivo, sicut in linea CD quae potest moveri ad efficiendum angulum hunc et illum : secundum quippè multas rationes coelum intelligitur a Peripateticis habere actum potentiae ad mixtum. In mobilibus consequentibus atque materia, est in potentia passiva, significata per D, quod innumerabiles differentias acuti, et obtusi per modum essendi in materia, et efficiente,

relatives auxombres sont formées, à partir desquelles nous pouvons recevoir tout mode de conversion à la lumière.

Intention trentième

De même que tu comprends que toutes les différences relatives aux ombres se réfèrent à six différences cardinales, tu ne dois pas moins savoir que toutes doivent se réduire finalement à une seule différence, très féconde, source très générale de toutes les autres. Pour notre propos (dis-je), l'ombre de toutes les idées peut être une : elle forme, juge et représente toutes les autres par addition, soustraction et par altération pour parler généralement. Comme c'est le cas dans l'art, matériellement par le sujet des substances, formellement par l'adjectif, qui reçoivent en eux les déformations, les transpositions et en général les diversifications. Car les réalités métaphysiques, logiques et physiques, ou surnaturelles, naturelles et rationnelles admettent une certaine analogie. Ainsi le vrai, l'image et l'ombre. L'idée des autres choses dans l'esprit divin existe en un acte total et simultanément unique. Dans les intelligences se trouvent les idées relatives aux actes pris séparément. Dans le ciel, les idées sont en une puissance active, multiple et successive. Dans la nature, elles sont en mode de vestige presque par impression. Dans l'intention et la raison, elles sont dans la modalité de l'ombre.

Voici le paradigme d'une idée unique, possédant en acte une différence infinie de choses, et d'une ombre comprenant la capacité de différences infinies. La ligne AB lancée vers la ligne CD la rencontre perpendiculairement, et constitue deux angles droits au point d'intersection. Maintenant si l'on incline la ligne vers B, elle produira un angle aigu d'une part et un angle obtus de l'autre. Inclinée plus et plus vers F, G, H, I, K, et ainsi de suite, elle donnera des deux côtés des angles plus obtus et aigus. Cela montre comment ces deux lignes droites ont la capacité de produire des différences infinies en matière d'angles aigus et obtus. En premier lieu, cette capacité ne diffère pas de l'acte, elle est tout ce qui peut être et ce en quoi tout ce qui peut être est; puisque l'être et le pouvoir être s'identifient en elle. Il suit que se trouvent au point D à la fois une infinité de différents angles et un seul. Dans le moteur céleste, <cette capacité réside> en une puissance active : tout comme la main peut susciter le mouvement vers les points E, F, G, et d'autres innombrables, alors que pourtant elle demeure immobile. Dans le ciel, <elle réside> en une puissance mixte, active et passive, de même que la CD peut se déplacer pour former cet angle-ci et cet angle-là; certes conformément aux nombreuses raisons qui veulent que les péripatéticiens conçoivent le ciel tel une puissance dont l'acte

et modum participantem de actu, déque potentia ut patet. Hoc quod diximus de differentiis angulorum : referas ad specierum differentias, quae dicuntur esse sicut numeri. Unde in omnibus et per omnia quaelibet posse figurari manifestum est.

TYPVS VMBRARVM

est mixte. Dans les mobiles qui en sont la conséquence et dans la matière, en une puissance passive, signifiée au moyen de D, dont il est patent qu'elle produit les différences innombrables d'angles aigus et obtus par son mode d'être dans la matière et s'avère efficiente par son mode de participation relativement à l'acte et à la puissance. Voici ce que nous avons déclaré concernant les différences d'angles : réfère-toi <maintenant> aux différences relatives à l'espèce comme si nous disions qu'elles sont des nombres. Il est par là manifeste que n'importe quelle réalité peut se figurer en tout et au moyen de tout.

DE TRIGINTA IDEARUM CONCEPTIBUS

Iam ad triginta Idearum conceptus, primo simpliciter ; secundo cum intentionibus umbrarum complexé concipiendis, consequenter progrediamur.

CONCEPTUS PRIMUS. A

Luciferos (inquit Plotinus) in facie Deus oculos fabricavit : caeterisque sensibus adhibuit instrumenta : ut inde tum naturaliter servarentur, tum etiam cognata luce aliquid contraherent. Quibus sane verbis manifestat aliquid esse praecipuum, quod de mundo intelligibili ad ipsos pertineat.

DES TRENTE CONCEPTS DES IDÉES

Progressons maintenant vers les trente concepts des idées, d'abord de manière simple, ensuite en relation aux intentions des ombres à concevoir de manière complexe.

Concept premier

Dieu (dit Plotin) [1] a fabriqué au visage des yeux *porteurs de lumière* et il a ajouté aux autres sens des instruments, afin d'abord qu'ils <se> conservent naturellement, afin aussi qu'ils contractent quelque chose de la lumière qui leur est apparentée [2]. Par ces mots, il indique bien que quelque chose de supérieur s'étend du monde intelligible jusqu'à eux [3].

1. *Ennéades*, VI, 7, 1 (*Plotini opera*, p. 692) : « Dieu, ou bien le dieu qui envoie les âmes dans le séjour du devenir, a placé sur le visage des yeux lumineux [*Timée*, 45b] et a donné à chaque sensation ses organes propres (*et instrumenta caetera reliquis adhibuit sensibus*) ; il prévoyait que l'animal se conserverait, en percevant d'avance, par la vue, l'ouïe et le tact, les objets qu'il a à fuir et à rechercher (*praevidens videlicet ita demum animal posse servari, si antevideat audiatque singula, et denique tangat : atque ita alia quidem fugiat, alia prosequatur*) ». La série des premiers Concepts s'inspire de cette *Ennéade* et des commentaires de Ficin.

2. Cette seconde justification se trouve plutôt dans le *Timée* (45b) : « Cette sorte de feu [située dans l'organe de la vision] qui n'a pas la capacité de brûler, mais celle de procurer une douce lumière, ils ont su faire qu'elle devint chaque jour un corps à nous approprié » (ou « apparenté »).

3. On peut entendre la formule comme relative à la « providence » qui organise les réalités sensibles aussi bien qu'elle permet l'auto-conservation de l'animal. On peut aussi l'entendre relativement à l'unité de la forme spirituelle qui *s'étend* du ciel aux êtres vivants inférieurs. L'organe de la vision participe de la lumière.

Conceptus II. B

Non fas est cogitare mundum istum plures habere principes, et per consequens plures habere ordines praeter unum. Et consequenter si unum est ordinatum, membra ipsius alia membris aliis sunt adnexa et subordinata. Ita ut superiora secundum verius esse subsistant, in extensam molem, et multiplicem numerum versus materiam se exporrigentia. Unde ab eo quod est per se maximé ens ; ad id quod minimum habet entitatis, et prope nihil haud temeré nuncupatur fiat accessus. Quem ordinem cum suis gradibus, qui mente conceperit : similitudinem magni mundi contrahet aliam ab ea quam secundum naturam habet in se ipso. Unde quasi per naturam agens : sine difficultate peraget universa.

CONCEPT DEUXIÈME

Il n'est pas permis de penser que ce monde ait plusieurs principes ni, par conséquent, qu'il ait plusieurs ordres plutôt qu'un seul. Par conséquent, si l'un est ordonné, ses parties sont liées aux autres parties et subordonnées les unes les autres, de sorte que les réalités supérieures subsistent selon un être plus vrai, et se répandent en direction de la matière, dans la masse étendue et dans le nombre multiple. Par là, il y a communication de ce qui est être par soi au plus haut point, à ce qui a un minimum d'entité, et qu'on ne doit pas craindre d'appeler « presque rien » [1].

Celui qui concevra par l'esprit cet ordre avec ses degrés, contractera une ressemblance du grand monde différente de celle qu'il a en lui-même selon la nature [2]. De sorte qu'agissant presque par nature, il pourra accomplir toutes choses sans difficulté [3].

1. *Prope nihil* : qualifie la matière comme privation, « puissance pure, nue, sans actualité, sans vertu ni perfection » (*Causa*, IV, p. 250). Dans le *De la causa*, la définition est récusée au nom de la coïncidence de l'acte et de la puissance, en vertu de laquelle la matière « produit les formes pour ainsi dire à partir d'elle-même » (p. 248-250), jusqu'à devenir « source de l'actualité (*fonte de la attualità*) » (p. 263). Dans la représentation hiérarchique exposée ici, la matière est bien *prope nihil*, c'est-à-dire un minimum dans le genre de l'être.

2. La conception intellectuelle de l'échelle de l'être et des liens qui unissent toutes choses au tout et à l'ordre permet de constituer une image du monde différente de ce que l'on peut se forger par la seule considération (réputée ici naturelle) de la diversité et de la variété de toutes choses.

3. Par la considération du tout et de l'unité, l'activité pratique devient ainsi « émule de la nature », par conjonction avec l'âme du monde (*Sigillus sigil.*, II, 3). Sur cette définition de l'activité pratique et de la magie, voir T. Dagron, *Mémoire, imagination et intellection dans le* Sigillus sigillorum, chap. IV, dans G. Bruno, *Le sceau des sceaux*, *op. cit.*

Conceptus III. C

Quia in iis quae semper fiunt non est consultatio, et argumentatio. Si aliquid demonstratum fuerit semper idem facere : actus argumentationis tollitur ab eo, tollitur et consilium. Sed ut quadam forma se ipsam foras quasi naturaliter exprimente vel aliquid é sua natura explicante, et effundente, opera sua perficit. Ad cuius operantis similitudinem propius accedit quod idem ut plurimum et frequentissime operatur. Fiet enim ut minus, miniméque cogitans et decernens, in perfectum, exquisitumque actum prodeat. Qui ergo in loco consistens atque tempore, á loco rationes idearum absolvet atque tempore : divinis entibus in suis operibus conformabitur, sive ad intellectum pertineant, sive ad voluntates. Id fortasse faciebat is qui dixit. In carne consistentes non secum carnem vivimus.

Concept troisième

Car dans les choses qui deviennent toujours, il n'y a ni délibération ni argumentation : s'il est démontré qu'une chose agit toujours de la même manière, on doit lui ôter l'acte d'argumentation, et lui ôter la délibération [1]. Mais à supposer qu'une certaine forme s'exprime elle-même au dehors de manière presque naturelle, ou qu'une chose s'explique à partir de sa propre nature et se diffuse, <on dira> qu'elle accomplit parfaitement son œuvre [2].

Celui qui opère par soi-même, le plus souvent ou fréquemment, accède à la ressemblance de cette manière d'agir. Il lui arrivera ainsi en effet de produire un acte parfait et excellent, avec moins de réflexion et un minimum de discernement. Celui donc qui existe dans le lieu et le temps s'affranchira des raisons des idées sous le rapport du lieu et du temps, et se conformera dans ses opérations aux êtres divins, relativement à l'intellect et aux volontés. Ce que peut-être faisait celui qui a dit : « Nous consistons dans la chair, mais nous ne vivons pas selon la chair » [3].

1. Un agent qui agit « toujours de même » agit sans délibération ni réflexion. Voir Plotin, *Enn.*, VI, 7, 3 : « [Platon] dit que Dieu délibère et raisonne en vertu de son hypothèse : car il suppose [dans le *Timée*] que les choses naissent. Alors sans doute, il y aurait place pour délibération et raisonnement. Mais en ajoutant qu'elles deviennent toujours (*fieri semper*) [*Timée*, 27d], il nie que Dieu ait raisonné; car il n'est pas possible de raisonner dans l'éternel » (*Plot. Op.*, p. 695). Sur l'absence de délibération de la nature, voir *Sigillus sigil.*, II, 3 et *Causa*, II, p. 124.

2. Ficin, *In Enn.*, VI, 7, 3, p. 695 : « Quoniam intellectualis forma per quam Deus agit, est ipsa natura Dei, facitque eadem semper eodem modo, merito non tam consilio quodam agit, quam naturali quadam forma seipsam foras quasi naturaliter exprimente » (« Puisque la forme intellectuelle par laquelle Dieu agit, est la nature même de Dieu et qu'il la produit toujours de la même manière, il agit moins par délibération, qu'en vertu d'une certaine forme naturelle qui s'exprime elle-même au-dehors presque naturellement »). L'idée de Bruno est que « les réalités naturelles sont d'autant plus parfaitement dirigées vers leurs propres fins (en comparaison des artificielles), qu'elles usent moins de délibération » (*Sigillus sigil.*, II, 3).

3. II *Cor.* 10, 3. L'idée repose ici sur la formule aristotélicienne selon laquelle « l'art imite la nature », ainsi comprise par Bruno dans le *Sigillus sigil.* : « l'art le plus parfait ne consiste pas à délibérer davantage, et l'art consommé n'a recours à aucun discours rationnel, soit parce que nous opérons en imitant la nature, soit parce que la nature coopère avec nous » et que nous agissons « en conjonction » avec « l'âme du monde » (II, 3).

Conceptus IIII. D

Quod si possibile est atque verum : intellectualem animan non veré insitam atque infixam, inexistentemque corpori licet apprehendere : sed veré ut adsistentem et gubernantem : ita ut perfectam à corpore seorsum pre se ferre possit speciem. Cui sententiae (sine controversia) Theologus ille adstipulatur maximé : qui perfectiori eam intitulans nomine, interiorem hominem appellavit. Quod si pro huius confirmatione, operationes sine corpore eidem possibiles exquiras : Ecce certo loco temporíque non adstrictis copulatur ideis, quotiescumque mente animove solutus homo materiam destituit atque tempus.

Conceptus V. E

Habet anima substantiam ita ad supernos intellectus se habentem, sicut diaphani corpus ad lumina (ut et principes Platonicorum intellexere) quod pro diaphanitate transparentiáque sua, nonnihil velut innatae luminositatis admittit, quae semper est in actu cum exuta est á corpore, tanquam regionem lucis inhabitans. In corpore veró degens tanquam cristallus cuius diaphanitas opacitate terminatur : habet species sensibiles vagas : quae per conversionem, et aversionem iuxta temporum, locorumque differentias, accedunt atque recedunt.

Concept quatrième

Si cela est possible et vrai, il est permis de concevoir que l'âme intellective n'est pas véritablement située et fixée dans le corps, et n'existe pas en lui, mais <qu'elle est en lui> plutôt en tant qu'elle l'assiste et le gouverne, de sorte qu'elle peut être dite une espèce parfaite par soi séparée du corps [1]. Cette opinion (sans controverse) s'accorde pleinement avec le Théologien [2] qui a donné à cette âme le nom plus parfait d'*homme intérieur*. Si, pour le confirmer, tu demandes quelles opérations lui sont possibles sans le corps : considère-la se joignant aux idées qui ne sont pas attachées au temps et au lieu, toutes les fois qu'affranchi en esprit ou en pensée, l'homme abandonne la matière et le temps.

Concept cinquième

L'âme a une substance qui se trouve par rapport aux intelligences supérieures comme le corps du diaphane relativement aux lumières [3] (comme l'ont conçu les plus importants des Platoniciens) : par sa diaphanéité et sa transparence, elle admet une sorte de luminosité innée, toujours en acte, lorsqu'elle est dégagée du corps et réside pour ainsi dire dans la région lumineuse. Quand elle demeure dans le corps cependant, pareille au cristal dont la transparence est

1. Définition de l'âme intellective ou rationnelle. *Cf.* Ficin, *In Enn.* I, 1, 1 (non pag.) : « L'âme rationnelle est intermédiaire entre les formes divines et les formes naturelles ; elle n'est pas non plus inhérente au corps, mais assistante (*neque inest corpori, sed adest*). [...] Il a enseigné [Plotin] que l'homme est âme, c'est-à-dire une substance incorporelle rationnelle, qui existe à partir d'un certain intellect divin, consiste en elle-même, n'est pas inhérente au corps, mais plutôt assistante et produit la vie par sa présence même ; le composé qu'elle constitue avec le corps, est appelé animal ». Plus loin : « l'âme rationnelle est séparée du corps quant à l'être (*separata est secundum esse a corpore*), mais produit une vie conjointe au corps dans un animal un. L'opinion de Plotin est en cela intermédiaire entre l'opinion d'Alexandre et celle d'Averroès ». Sur cette position à la fois platonicienne et averroïste, voir T. Dagron, *Mémoire, imagination et intellection*, *op. cit.*, chap. III. La thèse est constamment évoquée par Bruno. Ainsi dans *Causa*, II, p. 123 : « l'âme est dans le corps comme un pilote en son navire : en tant qu'il est mû avec le navire, le pilote fait partie du navire ; mais considéré en tant qu'il le gouverne et le meut, il ne doit plus être compris comme une partie, mais comme efficient distinct ». Voir aussi le *Spaccio* (Epist expl.), p. 23 : « on ne doit pas considérer que la substance spirituelle entre en composition ou se mélange à proprement parler avec les corps, bien qu'elle entretienne avec eux un rapport de familiarité. [...] Mais la substance spirituelle est une chose, un principe efficient et informatif qui agit de l'intérieur, duquel, par lequel et relativement auquel s'effectue la composition ; elle est dans un rapport semblable celui du pilote à son navire ». Sur la comparaison du pilote, voir Aristote, *De anima*, II, 1, 413a8-9 : « De plus, on ne voit pas bien si l'âme est l'entéléchie du corps, comme le pilote, du navire ». Dans le *Sigillus sigil.*, Bruno parle d'un « intellect agent domestique » (I, 30).

2. *Rom.* 7, 22 ; *Eph.* 3, 16.

3. Passage fondamental qui explicite l'analogie sur laquelle repose l'ensemble du traité. Sur le « diaphane de l'âme », voir *supra*, « Intention 1 ». Le diaphane, ou milieu transparent, est tout autant le véhicule de lumière ou de clarté que le réceptacle des espèces, ombres ou images des corps opaques : voir Aristote, *De anima*, II, 7, 418b9-10, et *De sensu*, 3, 439a23-24.

CONCEPTUS VI. F

Rerum formae sunt in ideis, sunt quodammodo in se ipsis; sunt in coelo; sunt in periodo caeli, sunt in causis proximis seminalibus; sunt in causis proximis efficientibus, sunt individualiter in effectu, sunt in lumine, sunt in extrinseco sensu, sunt in intrinseco : modo suo.

CONCEPTUS VII. G

Receptione formarum ideó materia non impletur (ut per aeternam novarum affectationem protestatur) quia nec veras accipit; nec veré recipit quod recipere videtur. Non enim quae verè sunt, sensibilia ipsa sunt, atque

limitée par l'opacité, elle dispose d'espèces sensibles vagues qui, par conversion et aversion, conformément aux différences de temps et de lieux, s'approchent et s'éloignent.

Concept sixième

Les formes des choses sont dans les idées. Elles sont d'une certaine manière en elles-mêmes; elles sont dans le ciel, dans les révolutions célestes, dans les causes séminales prochaines, dans les causes efficientes prochaines; elles sont individuellement dans l'effet, dans la lumière, dans le sens extrinsèque, dans le sens intrinsèque, relativement au mode qui leur est propre [1].

Concept septième

La matière n'est donc pas remplie par la réception des formes (comme en témoigne son éternelle recherche de formes nouvelles), car elle n'accueille pas des formes vraies, ni ne reçoit vraiment ce qu'elle paraît recevoir [2]. Les choses

1. *Modo suo* : à la manière de la lumière, les formes sont en elles-mêmes dans leurs sources idéales, dans les réalités célestes, dans les choses physiques comme cause formelle et efficiente, mais aussi dans les instruments de la connaissance sensible. Espèce parfaite *sui generis*, la forme est tout entière en chaque partie, elle ne se prédique pas d'une pluralité de choses (comme un universel logique), mais tient lieu de principe ou de sujet : une et indivise en elle-même, elle est diversement participée des sujets qui la reçoivent chacun selon ses capacités. Voir par exemple *Sigillus sigil.*, II, 11 : « La première forme, que nous appelons hyperessence ou bien, dans notre langue, superessence, s'étend depuis le sommet de l'échelle naturelle des êtres jusqu'au plus bas et au fond de la matière; dans le monde métaphysique, elle est la source des idées, prodigue les formes de toutes choses et répand les semences dans le sein de la nature; dans le monde physique, elle imprime les traces des idées sur le dos de la matière, multipliant en quelque sorte une image unique selon l'espèce, en la plaçant face à de nombreux miroirs; dans le monde rationnel, elle figure les ombres des idées, distinguées selon le nombre pour les sens et selon l'espèce pour l'intellect, illuminant, autant que possible, les ténèbres et donnant leurs couleurs aux choses et intentions ».

2. Voir Ficin, *In Enn.*, III, 6, p. 301. Le paragraphe et intitulé : « Que les choses naturelles ne sont pas des êtres vrais, et que la matière est dite un non-être et qu'à la manière d'un miroir, elle semble avoir des formes qu'elle ne possède pas dans leur être vrai (*et instar speculi videatur habere formas, quas non habet veras*) ». Ensuite : « Après cela, il faut se rappeler que la matière est une sorte d'ombre sans consistance de l'essence première; que les formes matérielles sont différentes images des idées, d'abord contenues dans l'essence, et qu'elles n'ont dans la nature aucune ressemblance avec les idées, quoiqu'elles semblent posséder en effet quelque similitude de représentation. Et la matière, à l'exemple du miroir, soit n'en reçoit d'abord que les seules images, soit peut-être reçoit rien, mais paraît seulement les recevoir, <car> elle ne pâtit de rien d'autre ». Ficin cite alors Salomon : *Omnia vanitas*, et Paul : *Videmus nunc per speculum in aenigmate*. Voir Plotin, *Enn.*, III, 6, 7 : « Mais comme les objets qui se reflètent en la matière sont bien différents de ces reflets, on peut en conclure à la fausseté de notre impression, puisque ce reflet n'est qu'un mensonge et n'a aucune ressemblance avec l'objet qui l'a produit ». Et III, 6, 14 : « Ce que la matière a pris de l'être glisse sur elle comme sur une chose de nature étrangère, comme l'écho est renvoyé par des surfaces lisses et planes; comme le son ne reste pas sur ces surfaces, on s'imagine qu'il y était et qu'il en vient. [...] La matière est restée la même, et elle n'a rien reçu ».

individua : ut autumat qui haec primo, principaliter, et maximé substantias appellat. Quae. n. veré sunt semper manent : quae autem generationi subiacent, atque corruptioni non vere dicuntur esse. Quod non solum rectius philosophantibus placet. Sed et Theologorum alios audimus exteriorem hominem sub hac conditione naturali vanitatem appellantes. Alii vero cuncta quae fiunt sub sole, id est quae regionem incolunt materiae universalem vanitatis notam subire volunt. Ab ideis igitur, ab ideis, conceptionum fixionem perquirat anima, si intelligis.

CONCEPTUS VIII. H

Ideam primum hominem. Animam secundum. Tertium veró quasi iam non hominem dixit Plotinus ubi de ratione multitudinis idearum edisserit. Dependet secundus á primo, tertius á secundo, dum per ordinationem, contractionem, et compositionem, ordinatur ad physicam subsistentiam. Pro methaphysico igitur conceptu tertius ascendat in secundum : secundus in primum.

qui sont véritablement, en effet, ne sont pas sensibles elles-mêmes ni individuelles comme le prétend celui qui les appelle des substances au sens premier, principal et le plus fondamental[1]. Les choses qui sont véritablement demeurent toujours : celles qui sont soumises à la génération et à la corruption ne sont pas dites véritables. Cela ne s'accorde pas seulement avec ce que disent ceux qui philosophent plus correctement, mais également avec ce qu'on entend dire par certains théologiens qui appellent vanité l'homme extérieur soumis à cette condition naturelle[2]. D'autres veulent que toutes les choses qui se font sous le soleil, c'est-à-dire qui habitent la région de la matière, soient sujettes à une marque de vanité universelle[3]. C'est donc des idées, par les idées que l'âme parvient à fixer ses conceptions, si tu entends la chose <comme il convient>[4].

CONCEPT HUITIÈME

Là où il traite de la raison de la multiplicité des idées, Plotin appelle l'idée *premier homme*, l'âme second homme, mais dit du troisième qu'il n'est déjà presque plus un homme[5]. Le second dépend du premier, le troisième du

1. Aristote, *Catégories*, 5, 2a11-14 : « La substance, au sens le plus fondamental, premier et principal du terme, c'est ce qui n'est ni affirmé d'un sujet, ni dans un sujet : par exemple l'homme individuel ou le cheval individuel ». Par opposition aux substances dites secondes qui renvoient aux espèces et genres (l'homme, l'animal). À l'opposé, par exemple, Plotin, *Enn.*, III, 6, 6 ainsi résumé par Ficin (p. 308) : « Formae separatae vel separabiles a materia dicuntur entia vera, coniunctae vero materiae necessario dicuntur entia non vera : materia denique dicitur verum non ens » (« Les formes séparées ou séparables de la matière sont dites des êtres vrais, tandis que celles qui sont conjointes à la matière sont nécessairement dites des êtres non vrais et la matière par conséquent est véritablement dite un non-être »).

2. *Rom.* 8, 21-22 : « vanitati enim creatura subiecta est, non volens propter eum, qui subiecit, in spem, quia et ipsa creatura liberabitur a servitute corruptionis in libertatem gloriae filiorum Dei ». Voir *supra*, « Intention 1 ».

3. *Eccl.* 1, 14. Voir *Causa*, II, p. 141, où la citation est suivie de cette question : « Par conséquent, cette forme que vous posez n'est pas quelque chose qui n'existe que dans la matière et qui est fixé en elle selon l'être, et elle ne dépend pas, pour subsister, du corps et de la matière ? ». Pareillement dans les *Fureurs*, I, 2, p. 100 : « Ainsi, pour le sage, toute chose changeante est comme si elle n'était pas, et il affirme qu'elle n'est que vanité et néant, car entre le temps et l'éternité il y a la même proportion qu'entre le point et la ligne ».

4. La stabilité des conceptions de la mémoire dépend de celle des idées. Autrement dit, la conservation des images ne dépend pas tant du sens interne que de la conception des intentions qu'elles figurent. Cf. *Sigillus sigil.*, I, 30 : « Cessons donc, cessons d'admirer ces espèces proposées par les sens qui sont comme des ombres, et tâchons de retourner en nous-mêmes afin d'écouter ce que l'intellect agent domestique adresse à âme ».

5. Plutôt Ficin, *In Enn.* VI, 7, 5, p. 697 : « Quae quidem idea primus homo est ; anima vero it sicut dixit est homo secundus ; tertius vero est quasi iam non homo ». Chez Plotin, la discussion est suggérée par Aristote (*Métaphys.* Z, 1043a14) sur trois définitions de l'homme, par la forme, par la matière et par le composé. Elle est ici entendue comme un débat relatif au rapport entre l'âme intellective ou rationnelle et l'âme sensitive (voir *supra*, « Concept IV »). Ainsi l'âme telle qu'elle entre dans la matière, située au-dessus de l'âme végétative : « Telle âme venue en telle matière

CONCEPTUS IX. I

Idem, manens, et aeternum coincidunt. Idem enim quia idem, manet, et est aeternum. Aeternum quia aeternum, manet, et est idem. Manens, quia manens est idem, et aeternum. Nitaris igitur in ipsum idem oportet, vel id in quod identitatis habet rationem ; ut permanenter, et perseveranter habeas. Id si capies : caput habebis quo specierum fixionem facias in anima.

second, tandis qu'il est ordonné à la subsistance physique au moyen de l'ordre, de la contraction et de la composition. C'est donc en vertu d'une conception métaphysique que le troisième remonte dans le second, et le second dans le premier.

CONCEPT NEUVIÈME

L'identique, le permanent et l'éternel coïncident. L'identique, parce qu'il est identique, demeure et est éternel. L'éternel, parce qu'il est éternel demeure et est identique. Ce qui est permanent, parce qu'il demeure, est identique et éternel[1]. Il te faut t'appuyer sur ce qui est en soi identique, ou sur ce qui possède en soi la raison de l'identité, pour posséder de manière permanente et persévérante. Si tu saisis cela, tu posséderas le principe par lequel tu fixeras dans l'âme les espèces[2].

(*Anima vero talis assistens videlicet materiae*) ; parce qu'elle est, par les dispositions qu'elle possède dans le corps, est celle de l'homme ; mais elle donne au corps une forme qui lui correspond, et elle y produit un reflet de l'homme (*simulachrum hominis*), autant que le corps est capable de la recevoir, comme le peintre produit à son tour, un homme encore inférieur à ce reflet. Elle produit dans ce reflet des dispositions et des puissances ; mais tout cela est effacé, parce que ce reflet n'est pas le premier homme. Elle y produit encore les diverses espèces de sensation qui sont claires en apparence, mais qui sont obscures, comparées aux sensations supérieures dont elles sont l'image. L'homme supérieur à ce reflet a une âme plus divine, une humanité meilleure et des sensations plus claires. C'est lui que Platon définit comme *une âme qui se sert d'un corps* [*Alcibiade*, 130a] » (VI, 7, 5). Plus loin (VI, 7, 6) : « L'homme qui est dans l'intelligence est le premier de tous ; il illumine le second homme ; et celui-ci en illumine un troisième. Ce troisième et dernier homme possède en un sens tous les autres, non qu'il devienne pour eux, mais il est auprès d'eux ».

1. Voir *Causa*, V, p. 281 : « C'est aussi ce qu'ont été capables de comprendre tous les philosophes vulgairement appelés physiciens, pour qui, substantiellement, rien ne naît ni ne se corrompt – si l'on n'entend pas par là l'altération ; c'est enfin ce qu'a compris Salomon selon qui il n'y a rien de nouveau sous le soleil [*Eccl.* 1, 10], et ce qui est a déjà été. Vous voyez donc comment toutes les choses sont dans l'univers et l'univers dans toutes les choses, nous en lui et lui en nous : ainsi tout coïncide dans une parfaite unité. Voilà pourquoi il ne faut pas nous torturer l'esprit, voilà pourquoi il n'y a rien qui doive nous effrayer : car cette unité est stable dans son unicité, et demeure toujours ; cet un est éternel, tandis que tout aspect, tout visage et tout le reste est vanité et comme rien – mieux : tout ce qui est en dehors de cet un est rien ».

2. La mémoire qui repose sur la mise en ordre des réalités en mouvement, suppose l'activité intellectuelle capable de rapporter l'ordre à la raison de l'identité.

Conceptus X. K

Sententia haec satis digna est ut in ea mentis acies figatur. Intellectus primus lucis amphitrites : ita lucem suam effundit ab intimis ad externa, et ab extraemis attrahit : ut quidlibet ab ipso pro capacitate possit omnia contrahere, et quae libet ad ipsum pro facultate per ipsius luminis viam tendere. Hoc forte est quod quidam intellexit dicens : ATTINGIT A FINE USQUE AD FINEM. et alius dicens : NON EST QUI SE ABSCONDAT A CALORE EIUS. Lucem hic intelligo intelligibilitatem rerum quae sunt ab illo, et ad illum tendunt, et id quod concomitatur intelligibilitatem. Hae res cum profluunt aliae ab aliis, diversae á diversis ; in innumerum multiplicantur ut eas nisi qui numerat multitudinem stellarum, non determinet : Cum veró

Concept dixième

Cette opinion est assez digne pour que la pointe de l'intelligence soit fixée en elle. L'intellect premier, Amphitrite de la lumière [1], diffuse ainsi sa lumière de l'intérieur vers l'extérieur, et l'attire depuis les extrêmes, de sorte que n'importe quelle chose, selon ses capacités, peut contracter toute chose à partir de lui-même, et que n'importe laquelle peut, selon ses facultés, tendre vers lui suivant la voie de sa propre lumière. C'est ce qu'a peut-être compris celui qui a dit : *atteint la fin jusqu'à la fin* [2] et cet autre : *nul ne se cache de sa chaleur* [3]. J'entends ici par lumière l'intelligibilité des choses qui <procèdent> de lui, et qui tendent vers lui, et ce qui accompagne l'intelligibilité. Ces choses, lorsqu'elles découlent les unes des autres, les diverses des diverses, sont multipliées <au point de devenir tellement> innombrables que leur nombre ne saurait être déterminé sinon par celui qui <serait capable de> *dénombrer*

1. L'Amphitrite désigne ici la source de l'Intellect premier, l'intellect agent universel, qui illumine les intellects particuliers : *Le souper de cendres*, p. 176 et 306, *Cabale du cheval pégaséen*, p. 90, *Fureurs héroïques*, p. 116 et 374, *Lampas*, *OLC*, III, p. 39 et 60, *De vinculis in genere*, p. 692, *De magia*, p. 435. Bruno peut employer l'image de l'Amphitrite pour désigner l'Un supra-intellectuel, ou l'Âme universelle.

2. *Sap.*, 8,1. Voir *Sigillus sigil.*, I, 32 : « Ici se trouve la lumière qui resplendit dans les très denses ténèbres [*Jean*, 1, 5], c'est-à-dire dans les profondeurs de la matière, à tel point que les ténèbres ne sauraient l'embrasser ni la surpasser ; mais dans la nature cette lumière conserve une certaine égalité et proportion selon la capacité des espèces, de sorte que *les ténèbres* y *sont semblables à la lumière* [*Ps.*, 138, 12]. C'est ce qu'ont entendu les cabalistes, là où ils disent *nul ne se cache de sa chaleur* [*Ps.*, 18, 7], *elle atteint la fin jusqu'à la fin* [*Sap.*, 8, 1], de la racine de l'échelle à son sommet, ou du sommet à la racine, et *les ténèbres ne seront pas obscures devant toi* [*Ps.*, 139, 12], ainsi qu'en plusieurs autres endroits » ; *Causa*, III, p. 210 : « il est si parfaitement mobile et rapide qu'il est aussi absolument stable et immobile ; c'est pourquoi dans les discours divins, on le trouve qualifié d'*éternellement stable* et d'*absolument rapide dans son parcours de la fin à la fin* [*Sap.*, 7, 22-24 et 8, 1] ». *Cf.* Nicolas de Cues, *Trialogus de possest. Dialogue à trois sur le pouvoir-est*, texte et traduction P. Caye, P. Magnard et F. Vengeon, Paris, Vrin, 2006, p. 48 sur la coïncidence de la vitesse maximale et du repos : « et verbum velociter currere et omnia penetrare atque *fine ad finem pertingere* atque ad omnia progredi ». Voir également *De minimo*, *OLC*, I, 3, p. 148 : « Hinc divina sapientia quae attingit omnia et est in omnibus, dicta est mobilissima omnium, quia ubique manet, et immobilissima, quia ocissime *attingit a fine usque ad finem* et disponit omnia inter suos ubique terminos » ; ainsi que *Lampas*, *OLC*, III, p. 35 ; *Op. mag.*, p. 1002 : « Lucis enim proprium est ut *attingat a fine ad finem*, et ut sit rerum omnium mobilissima ».

3. *Psaumes*, 18, 7 ; *Lampas*, *OLC*, III, p. 52 ; *Op. mag.*, p. 1042 : « Intellectus haec vis in omnibus insita est, unde in omnibus praesto adest cognitionis principium effectivum suffentissimum, a cuius lumine *nihil* est quod *se abscondere possit* », où cette lumière est définie comme un principe de connaissance présent en toutes choses. Le principe intellectuel constitue une espèce parfaite, multipliée et diversifiée en fonction des sujets et des opérations. Voir *Sigillus sigil.*, I, 32 : « Car il est plus facile d'affirmer que de prouver démonstrativement, que l'intellect n'est pas appliqué et présent en toutes choses selon leur capacité, que l'intelligence indivise est plus intime aux choses que ne le peuvent être à eux-mêmes ces <esprits> divisés, et qu'elle est si féconde qu'elle engendre un intellect propre en chaque chose selon sa capacité ; <cet intellect>, tu peux librement l'appeler « sens », « intelligence propre » ou « instinct », pour peu que tu l'entendes correctement ».

refluunt uniuntur usque ad ipsam unitatem quae unitatum omnium fons est.

Conceptus XI. L

Primus intellectus foecunditate sua, modo suo propagat ideas non novas, nec noviter. Natura novas res producit in numero, non noviter tamen (modo suo) si semper eodem modo operatur. Ratio novas atque noviter in infinitum species format : componens, dividens, abstrahens, contrahens, addens, subtrahens, ordinans, deordinans.

Conceptus XII. M

Deformium animalium formae, formosae sunt in caelo. Metallorum in se non lucentium formae, lucent in planetis suis. Non enim homo, nec animalia, nec metalla ut hic sunt, illic existunt. Quod. n. hic discurrit illic actu viget, discursione superiori. Virtutes enim quae versus materiam explicantur : versus actum primum uniuntur : et complicantur. Unde patet quod dicunt Platonici, ideam quamlibet rerum etiam non viventium, vitam esse et intelligentiam quandam. Item et in prima mente unam esse rerum omnium ideam, illuminando igitur, vivificando, et uniendo, est quod te

les étoiles[1]. Lorsqu'elles refluent, elles sont unies jusqu'en cette unité même qui est la source de toutes les unités.

Concept onzième

L'intellect premier, par sa fécondité, propage des idées[2] qui ne sont pas nouvelles; il n'agit pas non plus par un acte nouveau. La nature produit des choses nouvelles selon le nombre, mais cependant non pas en vertu d'un acte nouveau, selon son mode, pour autant qu'elle opère toujours de la même manière. La raison produit des espèces nouvelles à l'infini, et de manière nouvelle : par composition, division, abstraction, contraction, addition, soustraction, en mettant en ordre et désordre[3].

Concept douzième

Les formes des animaux sont difformes, <mais> elles sont belles dans le ciel. Les formes des métaux ne sont pas lumineuses par elles-mêmes, <mais> elles sont lumineuses dans leurs planètes[4]. Car ni l'homme, ni l'animal, ni le métal ne sont ici comme ils existent là-haut. Ce qui est ici doté de raison discursive prospère là en acte, dans un état supérieur à la raison discursive[5]. En effet, les vertus qui sont expliquées en direction de la matière, sont unies et compliquées en direction de l'acte premier[6]. Cela confirme ce que disent les platoniciens : que toutes les idées, même celles qui se rapportent aux choses

1. *Psaumes*, 146, 4.

2. Ficin, *In Enn.*, VI, 7, 8, p. 700 : « Intellectus primus foecunditate lucis exuberante in quamplurimos seipsum intus naturaliter propagat radios ideales ».

3. Bruno distingue trois modes de production : celle de l'intellect premier en lequel préexistent les idées, la nature qui engendre des formes non préexistantes, mais opère en vertu d'un principe intrinsèque unique, pas de manière nouvelle et extrinsèque, et la raison qui engendre des espèces nouvelles, par des actes eux-mêmes divers.

4. Ficin, *In Enn.*, VI, 7, 9, p. 700 : « metallorum formae in se etiam non lucentium in planetis suis lucent omnes varietate lucis, et animalium formae deformium formosae sunt in caelo ».

5. Plotin, *Enn.*, VI, 7, 9 (Ficin, p. 701B-C) : « comprenons bien que l'homme sensible n'est point pareil à l'homme intelligible et que, par conséquent, les autres animaux sensibles ne sont pas non plus pareils aux animaux intelligibles. De plus, il n'y a pas là-bas d'être raisonnable; il y a peut-être ici un homme raisonnable; là-bas, il est plus que raisonnable » (« hominem videlicet viventem, non talem qualis ille est, esse : similiterque nec animalia caetera qualia hic sunt, talia illic existere : sed praestantiori quodam gradu illa prorsus accipienda, praetera nec rationale quicquam proprie illic existere. Hic enim forte ratione discurrat : illic autem actus viget rationali discursione superior »).

6. Plotin, VI, 7, 9 : « Les puissances de l'intelligence, en se développant, laissent toujours quelque chose en haut (*Vires enim illae dum explicantur, continue desuper quidem relinquunt*) ».

superioribus agentibus conformans, in conceptionem et retentionem specierum efferaris.

CONCEPTUS XIII. N

Continet lumen, vita intelligentia, unitásque prima : omnes species, perfectiones veritates, numeros, rerumque gradus. Dum quae in natura sunt differentia, contraria, atque diversa : in ea sunt eadem, convenientia, et unum. Tenta igitur an possis viribus tuis identificare, concordare, et unire receptas species, et non fatigabis ingenium : mentem non turbabis, et memoriam non confundes.

CONCEPTUS XIIII. O

Cum deveneris ad rationem qua conformabere coelo corpori, quod animalium inferiorum etiam vilium ratione non vili formas continet pedem ne figito, sed nitaris ad intellectualis caeli conformitatem : quod totius mundi formas, praestantiori modo possidet, quam coelesti.

non vivantes, ont une certaine vie et une certaine intelligence[1]. De même, aussi que dans l'esprit premier, il y a une idée unique de toutes choses[2]. Donc c'est en illuminant, vivifiant et unissant, en te conformant aux agents supérieurs, que tu t'élèveras à la conception et à la rétention des espèces[3].

Concept treizième

La lumière, la vie, l'intelligence et l'unité première contiennent tout : les espèces, les perfections, les vérités, les nombres et les degrés des choses[4]. Ce qui, dans la nature, fait les différences, les contraires et la diversité, dans <la lumière, la vie, l'intelligence et l'unité première>, fait le même, la convenance et l'un[5]. Tente donc autant que tes forces le peuvent, d'identifier, de faire concorder et d'unir les espèces reçues ; ainsi tu ne te fatigueras pas l'esprit, tu ne te perturberas pas l'intelligence, et tu ne te mélangeras pas la mémoire.

Concept quatorzième

Lorsque tu parviendras à la raison qui te permettra de te conformer au ciel corporel, lequel contient selon une raison non vile les formes même les plus viles des animaux inférieurs, ne t'arrête pas, mais poursuis vers la conformité au ciel intellectuel, lequel possède les formes du monde tout entier, de manière plus excellente que le <monde> céleste[6].

1. Ficin, *In Enn.* VI, 7, 9, p. 701 : « in vita intelligentiaque perfecta idea quaelibet rerum, hic etiam non viventum vita est et intelligentia quaedam ».

2. *Ibid.*, 13, p. 705 : « Vita mensque prima, quoniam est omnium formarum prima, ideo simplicissima omnium, uniformisque quam maxime, tum vero quia omnium principium est, ideo est etiam omniformis ».

3. La mémoire et l'intellection reposent sur une conjonction avec des « agents supérieurs », à la manière de la magie. Voir *Sigillus sigil.*, II, 3 : « Pour atteindre cet art parfait et consommé, il faut que tu te joignes à l'âme du monde et que tu agisses en conjonction avec elle : pleine des raisons des choses, par sa fécondité naturelle, elle produit un monde rempli de raisons semblables ».

4. Ficin, *In Enn.* VI, 7, 9-10 : « Quum in ente primo sit primus numerus origo rerum, merito illic est omnis rerum numerus. [...] Vita et intelligentia prima et animal perfectissimum omnes quotcumque cogitari possunt vitae, et intelligentiae, et animalium gradus, speciesque continet ».

5. *Summa term. metaph.*, *OLC*, I, 4, p. 88 : « Ea omnia, quae in rerum natura sunt explicata, dispersa, distincta, ordinata, differentia, in eo omnia sunt, non, inquam, unita, concordia, convenientia, sed sunt unum, sunt idem, sunt ipsa unitas, sunt ipsa identitas » (« toutes les réalités qui, dans la nature des choses, sont expliquées, dispersées, distinctes, ordonnées et différentes, en lui [en Dieu ou dans la *mens*] sont, dis-je, non pas l'union, la concorde et la convenance, mais sont une, sont la même, sont l'unité elle-même, sont l'identité elle-même »).

6. Ficin, *In Enn.* VI, 7, 11, p. 703 : « Sicut corporeum formas animalium inferiorum etiam vilium in se continet ratione non vili, sic intellectuale coelum totius mundi formas modo quodam praestantiore possidet, quam coelesti ». Voir *De immenso*, V, 1, *OLC*, I, 2, p. 117.

CONCEPTUS XV. P

Talem quidem progressum tunc te veré facere comperies, et experieris cum á confusa pluralitate, ad distinctam unitatem per te fiat accessio : id enim non est universalia logica conflare, quae ex distinctis infimis speciebus, confusas medias, exque iis confusiores supraemas captant : Sed quasi ex informibus partibus et pluribus, formatum totum et unum aptare sibi. Sicut manus brachio iuncta : pésque cruri, et oculus fronti, cum sunt composita : maiorem subeunt cognoscibilitatem, quam posita seorsum. Ita cum de partibus et universi speciebus, nil sit seorsum positum et exemptum ab ordine (qui simplicissimus, perfectissimus, et citra numerum est in prima mente) si alias aliis connectendo, et pro ratione uniendo concipimus : quid est quod non possimus intelligere memorari et agere ?

CONCEPTUS XVI. Q

Unum est quod omnia definit. Unus est pulchritudinis splendor in omnibus. Unus é multitudine specierum fulgor emicat. Quod si coniicias : tale inter oculos tuos, et universaliter visibilia interpones oculare, ut nil sit quod te fugere possit omnino.

CONCEPTUS XVII. R

Error nobis et oblivio accidit ; quia apud nos ex forma, et informi viget compositio. Formatio quippe corporei mundi, forma inferior est, ex ipsius

CONCEPT QUINZIÈME

Lorsque tu auras accès depuis la pluralité confuse à l'unité distincte, tu découvriras alors vraiment et tu feras l'expérience du progrès que tu as accompli. Car il ne s'agit pas là de forger des universaux logiques, qui appréhendent au moyen d'espèces infimes distinctes, des espèces médianes confuses et, par leur moyen, des espèces supérieures plus confuses encore, mais de disposer pour soi un tout formé et un comme à partir de parties informes et multiples. Ainsi la main rattachée au bras, le pied à la jambe, l'œil au front, lorsqu'ils sont composés, sont davantage connaissables que pris séparément [1], le sont pareillement les parties et les espèces de l'univers dont aucune n'est séparée et détachée de l'ordre qui est dans l'esprit premier simplissime, très parfait et au-delà des nombres : si reliant et unissant les choses les unes aux autres, nous les concevons conformément à la raison, qu'est-ce qu'alors nous ne pourrons intelliger, remémorer et accomplir ?

CONCEPT SEIZIÈME

L'un est ce qui définit tout. Une est la splendeur de la beauté en toutes choses. Un, l'éclair qui jaillit depuis la multitude des espèces [2]. Si tu considères cela, tu interposes ainsi une lunette entre tes yeux et l'ensemble des choses visibles : rien ne saurait tout à fait t'échapper.

CONCEPT DIX-SEPTIÈME

Nous tombons dans l'erreur et l'oubli, car en nous règne la composition de la forme et de l'informe [3]. La formation du monde corporel est une forme

1. *Sigillus sigil.* II, 23 : la considération de l'ordre permet la connaissance distincte des parties qui le compose, « de là cette excellente formule : *qui intellige, intellige l'un ou n'intellige rien* » (Aristote, *Métaphys.*, IV, 4, 1006b7) ; *Infinito* (Epist.), p. 40 : « de même la beauté d'un édifice n'est pas manifeste à qui n'en aperçoit qu'une partie minime, comme une pierre, une maçonnerie, un pan de mur, mais se révèle à qui peut voir l'ensemble et possède la faculté d'en comparer les parties » ; *De minimo*, IV, 2 ; *OLC*, I, 3, p. 275-276.

2. Ficin, *In Enn.* VI, 7, 32, p. 723 : « Quicquid est in mundo intelligibili species quaedam est, et ipse totus est species constans ex speciebus [...]. Species autem unaquaque est aliquid intelligentia definitum [...]. Item in multitudine specierum unius illic pulchritudinis splendor emicat ».

3. L'édition de V. Imbriani et C. M. Tallarigo (*OLC*, II, 1, p. 48) donne *infirmi*, corrigé par R. Sturlese en *informi*.

enim vestigio, et deformitate componitur. Illuc igitur ascende ubi species sunt purae, nihil informe, et omne formatum ipsa forma est.

CONCEPTUS XVIII. S

Notavit Platonicorum princeps Plotinus. Quamdiu circa figuram oculis duntaxat manifestam quis intuendo versatur, non dum amore corripitur : Sed ubi primum animus se ab illa revocans, figuram in se ipso concipit non dividuam, ultráque visibilem : protinus amor oritur. Simile iudicium de obiectis intelligibilibus ; ei quod est de appetibilibus. Hinc igitur investiga et contemplare quomodo species citius, vivacius, atque tenacius concipiantur.

CONCEPTUS XIX. T

Septem gradibus (quibus duos addimus) constare intellexit Plotinus Schalam qua ascenditur ad principium. Quorum. Primus est animi purgatio. Secundus attentio. Tertius intentio. Quartus ordinis contemplatio. Quintus proportionalis ex ordine collatio. Sextus negatio, seu separatio. Septimus, votum. Octavus transformatio sui in rem. Nonus

inférieure, car elle est composée du vestige de la forme et de difformité[1]. Pour cette raison, tu dois monter là où les espèces sont pures, là où il n'y a rien d'informe et où tout ce qui est formé est la forme même.

CONCEPT DIX-HUITIÈME

Plotin, le principal des platoniciens, l'a relevé : « tant qu'on se borne à la figure qui se manifeste aux yeux, l'amour ne saisit pas encore ; mais dès que l'âme repousse de soi cette image et conçoit en elle-même une figure indivisible et au-delà du visible : alors l'amour naît »[2].

Il en va du jugement relatif aux objets intelligibles comme du jugement relatif aux objets de la puissance de désirer. Pour cela donc cherche et considère comment les espèces sont conçues plus promptement, vivement et solidement.

CONCEPT DIX-NEUVIÈME

Plotin a conçu l'échelle par laquelle on monte au principe comme composée de sept degrés (auxquels nous en ajoutons deux). Le premier est la purification de l'âme. Le second l'attention. Le troisième, l'intention. Le quatrième, la contemplation de l'ordre. Le cinquième, la comparaison proportionnelle à partir de l'ordre. Le sixième, la négation ou la séparation.

1. Ficin, *In Enn.*, VI, 7, 32, p. 724 : « pulchritudo intelligibilis mundi est species universa, itemque pura, quoniam nihil ibi est informe, nihil ita formatum, quin ipsum sit et forma. Pulchritudo mundi corporei est inferior vera specie, quoniam ex forma atque informi, ac etiam deformitate componitur ».

2. *Ibid.*, 33, p. 724 : « tant qu'ils [les amants] s'en tiennent à l'aspect visible, ils n'aiment pas encore ; mais lorsque, de cette forme ils se font en eux-mêmes, dans leur âme indivisible, une image invisible ; alors l'amour naît » (« Quamdiu enim circa figuram oculis manifestam duntaxat quis intuendo versatur, nondum amore corripitur ; sed quum primum animus ab illa se revocans, figuram in seipso concipit non ultra visibilem, neque dividuam, amor protinus oritur »). Voir *Fureurs*, I, 4, p. 178 : « J'entends que ce n'est pas la figure ou l'espèce sensiblement ou intelligiblement représentée qui émeut par elle-même ; car celui qui considère la figure comme elle se manifeste aux yeux n'en est pas encore à l'amour ; mais dès l'instant que l'esprit (*animo*) la conçoit en lui-même, objet non plus de vision, mais de pensée (*quella figurata non più visibile ma cogitabile*), non plus sujette à se fragmenter, mais indivisible (*non più dividua ma individua*), non plus sous l'espèce de la chose, mais sous l'espèce du bien et du beau, alors aussitôt naît l'amour ».

transformatio rei in seipsum. Ita ab umbris ad ideas patebit aditus, et accessus, et introitus.

Conceptus XX. V

Omne quod est, post unum; necessario multiplex est et numerosum. Praeter unum igitur atque primum omnia sunt numerus. Unde sub infimo

Le septième, le vœu[1]. Le huitième, la transformation de soi en la chose. Le neuvième, la transformation de la chose en soi-même[2]. C'est ainsi que s'ouvrira l'entrée, l'accès et l'introduction depuis les ombres vers les idées.

Concept vingtième

Tout ce qui est, après l'un, est nécessairement multiple et nombreux. En dehors de l'un et du premier, par conséquent, tout est nombre[3]. Ainsi, sous

1. Voir Plotin, *Enn.*, VI, 7, 36 et surtout Ficin, *In Enn.* VI, 7, 36, p. 727 : « Scala per quam ascendimus ad principium, septem gradus habet : primus est purgatio animi ; secundus, cognitio operum divinorum singulatim comparata ; tertius contemplatio ordinis, quo opera inferiora reducuntur ad superiora gradatim ; quartus, comparatio quaedam proportionalis ex ordine huiusmodi ad divinorum ordinem sese conferens ; quintus, negatio per quam cuncta quae concipis separes a principio ; sextus, supplex ad Deum oratio, ut ipse intellectualis mundi pater te reddat mundum intellectualem actu : ens enim potentia mundus hic ab initio ; septimus, ut quum ipse intellectualis mundus evaseris, ulterius amore boni concitus ex statu intellectuali transformeris in bonum superius intellectu ». Voir également : *In Enn.*, V, 11, p. 552 : « Tres gradus in contemplatione divina, ac tres ad eam praeparationes. Deo fruiturus debet per communem Dei notionem atque fidem seipsum in primis divina quaedam similitudine conformare : deinde tota ad Deum cogitationis intentione contendere ; tertio tota Deum solum voluntate ardenter amare. Huic igitur sic affecto Deus influit, ut perspicuo statim facto lumen ubique praesens ». Passage repris dans les *Fureurs*, I, 5, p. 224 : « Cicada. De quelle manière entendez-vous que cette conversion se produise ? Tansillo. Par trois préparations que note, en son livre *De la beauté intelligible*, le contemplatif Plotin, desquelles "la première est de se conformer à la similitude divine" en détournant la vue des choses situées au-dessous de la propre perfection et communes aux espèces égales et inférieures ; "la seconde, de s'appliquer avec toute l'intention et attention (*con tutta l'intenzione et attenzione*) aux espèces supérieures ; la troisième, de soumettre à Dieu toute volonté et tout amour". Car celui qui agit de la sorte recevra très certainement l'influx de la divinité, laquelle est partout présente et prête à pénétrer quiconque se tourne vers elle par l'acte de l'intellect, et s'offre à elle sans réserve par l'affection de la volonté ».

2. Autre énumération des degrés de progression de l'amour dans le *De vinculis*, III, 19 et 20 : lorsque l'espèce du beau est entrée dans l'imagination puis la mémoire, « l'âme, par une inclination propre (*ingenio quoddam*) éprouve quelque appétit, si bien que premièrement, elle est mue, convertie, ravie ; deuxièmement, convertie et ravie elle est illuminée par le rayon du beau, du bien et du vrai ; troisièmement, radieuse et illuminée, elle s'embrase d'un appétit sensuel ; quatrièmement, embrasée, elle convoite ardemment d'adhérer à l'aimé ; cinquièmement, adhérant à lui, elle se mêle et s'incorpore à lui (*immiscetur et incorporatur*) ; sixièmement, incorporée à lui, elle se dépouille de sa forme ancienne et, d'une certaine manière, s'abandonne elle-même, et affecte une qualité étrangère ; septièmement, elle se transforme (*transformatur*), devient le support même de cette qualité dans laquelle elle s'est transformée, et dont elle a été ainsi affectée » (III, 19). Les deux derniers moments sont ainsi exposés dans le paragraphe suivant (III, 20) : « La conquête de Cupidon repose sur ce que l'esprit de l'amant, après avoir abandonné son corps propre, vit et opère dans un corps étranger. La transformation de Cupidon, c'est lorsque, mort à soi, cet esprit vit d'une vie étrangère : en sorte qu'il habite alors non dans une demeure étrangère, mais comme dans la sienne propre. C'est ce que dit la fable qui parle de Jupiter se transformant en taureau, Apollon en berger, Saturne en cheval ». Sur ces moments, voir Ficin, *In Conv.*, II, 8.

3. Ficin, *In Enn.* VI, 6, 10, p. 679 : « Natura primi entis quum sit post unum, necessario est prima sui origine multiplex, id est, numerosa ».

gradu schalae naturae est infinitus numerus, seu materia : in supraemo vero infinita unitas, actusque purus. Descensus ergo, dispersio, et evagatio fit versus materiam. Ascensus, aggregatio, et determinatio fit versus actum.

Conceptus XXI. X

Per numeros (inquiunt nonnulli) entia, se habere ad id quod veré est, seu verum ens, sicut materia per inchoationem formarum se habet ad formas.

Conceptus XXII. Y

Triplicem considera formam. Quarum prima est a qua rem ipsam formari contingit, ut poté quae producit actum : et istam non proprié

le degré le plus bas de l'échelle de la nature, il y a le nombre infini, c'est-à-dire la matière; au degré suprême, <se trouvent> l'unité infinie et l'acte pur [1]. La descente, la dispersion et la dissémination se font en direction de la matière; l'ascension, l'agrégation et la détermination, en direction de l'acte.

CONCEPT VINGT-ET-UNIÈME

Par les nombres (disent certains), les êtres se rapportent à ce qui est véritablement, c'est-à-dire à l'être vrai, de même que la matière se rapporte aux formes moyennant l'inchoation des formes [2].

CONCEPT VINGT-DEUXIÈME

Appréhende la forme de trois manières [3]. La première est la forme par laquelle est formée la chose même, en tant qu'elle produit l'acte : cette forme,

1. Sur le « nombre infini », voir Platon, *Parménide*, 144a. Sur ces deux figures de l'infini, voir Ficin, *In Philebum comm.*, éd. M. J. B. Allen, Berkeley, UCP, 1975, p. 385-387 : « Ubi ante omnia intelligendum est quod duplex esse dicitur infinitum. Unum quod excludit terminum, alterum quod termino caret ». Ainsi que : *Théol. plat.*, XVII, 2; trad. ang. cit., p. 149, où Ficin résume la différence entre la dialectique du *Parménide* et celle du *Philèbe* : « Dans le *Parménide*, Platon appelle Dieu : Illimité (*infinitum*); dans le *Philèbe*, il l'appelle : Limite (*terminum*). Illimité parce qu'il ne reçoit d'ailleurs aucune limite. Limite parce qu'il limite toutes choses par les formes qu'il répartit en tout comme des mesures. Partant de là les platoniciens soutiennent d'une part que, dans la mesure où Dieu, en tant qu'illimité [ou infini], exclut de soi toute limite, dans cette même mesure une certaine puissance dépend de lui comme une ombre, puissance en quelque sorte matérielle, ayant besoin d'un terme, informe de sa nature et, si je puis dire, non définie (*indefinitam*); mais que d'autre part, dans la mesure où Dieu, en tant que terme, regarde son ombre comme il regarderait un miroir, dans la même mesure apparaît dans cette ombre comme une image, et l'infinité elle-même, c'est-à-dire la matière universelle, est déterminée (*terminari*) par les formes d'une manière très ordonnée ». Bruno reprend ces motifs, dans le *De la causa*, V, p. 314 : « L'unité qui est tout, c'est celle qui n'est pas expliquée, qui ne se trouve pas dans la distribution et dans la distinction numériques, et qui n'est pas une singularité, comme tu l'as peut-être cru, mais une unité qui complique et qui comprend ». Mais aussi dans le *De l'infinito*, II, p. 108 : « la puissance active étant infinie, par une conséquence nécessaire, le sujet d'une telle puissance est infini ».

2. Ficin, *In Enn.* VI, 6, 10, p. 679 : « Per hos ergo numeros ita ferme ens se habet ad entia, id est, ideas, sicut plerique tradunt, materiam per inchoationes formarum secum genitas se ad formas habere ». Bruno, comme Ficin, fait un lien entre le thème de l'*inchoatio formarum* et la thématique pythagoricienne du nombre. Dans le *De la causa* et le *De l'infinito*, le rapport est fait à partir du thème d'origine averroïste des dimensions indéterminées de la matière. Voir T. Dagron, *Unité de l'être et dialectique*, *op. cit.*, chap. XIII.

3. *Triplicem considera formam* : l'article énumère pourtant quatre acceptions.

ideam, vel rerum producendarum formam appellamus. Secunda qua res ipsa formatur tanquam parte : et huic non convenit similitudinem dici eius, cuius est pars. Tertia quae aliquid terminat, et figurat tanquam inhaerens qualitas : et eiusmodi non potest recipere ideae rationem, cum ab eo cuius est forma non separetur. Quarta ad quam aliquid formatur, et quam aliquid imitatur : et haec usu loquentium consuevit nomen ideae retinere. Et haec quatrifariam dicitur. In artificialibus ipsis, ante artificiata. In intentionibus primis, ante secundas. In principiis naturae, ante naturalia. In divina mente, ante naturam et universa. In primis dicitur technica, in secundis logica, in tertiis physica, in quartis methaphysica.

Conceptus XXIII. Z

Quaedam formae imitantur ut ex natura : veluti imago in speculo obiectae rei formam. Quaedam ex institutione : veluti figura impressa sigillum. Rursum quaedam imitantur ut per se : quemadmodum pictura

nous l'appelons improprement *idée* ou forme des choses à produire[1]. La seconde est celle dont est formée la chose même en tant que partie [du composé] ; elle ne doit cependant pas être dite semblable à ce dont elle est une partie. La troisième est celle qui limite et figure la chose en tant que qualité inhérente : la forme en ce sens ne saurait être appelée idée, car elle n'est pas séparée de ce dont elle est forme[2]. La quatrième est celle en vue de laquelle quelque chose est formé et celle qui est imitée par quelque chose : c'est à elle que l'usage de la langue a coutume de réserver le nom d'idée[3]. Cette dernière forme est dite de quatre manières. Dans les choses artificielles, elle est antérieure aux choses effectuées par l'art ; dans les intentions premières, antérieure aux secondes ; dans les principes naturels, antérieure aux choses naturelles ; dans l'esprit divin, antérieure à la nature et l'univers. Dans le premier cas, la forme est dite technique ; dans le second, logique ; dans le troisième, physique ; dans le quatrième, métaphysique.

CONCEPT VINGT-TROISIÈME

Certaines formes imitent comme par nature : ainsi l'image dans le miroir [imite] la forme de la chose réfléchie. D'autres imitent par convention : comme la figure imprimée <dans la cire> imite le sceau. Certaines encore imitent

1. Thomas d'Aquin, *De veritate*, III, 1, resp. « Forma autem alicuius rei dici tripliciter : uno modo a qua formatur res, sicut a forma agentis procedit effectus formatio, sed quia non est de necessitate actionis ut effectus pertingant ad completam rationem formae agentis cum frequenter deficiant maxime in causis aequivocis, ideo forma a qua formatur aliquid non dicitur eius idea vel forma » (« La forme d'une chose quelconque se dit en trois sens : en un premier sens elle est ce à partir de quoi la chose est formée, comme la formation de l'effet procède de la forme agente, mais, comme il n'est pas nécessaire à l'action que les effets parviennent à la raison complète de la forme agente, puisque souvent les effets sont en défaut, principalement dans l'ordre des causes équivoques, la forme par laquelle est formé quelque chose n'est pas dite forme ou idée de la chose »).

2. Bruno distingue deux acceptions réunies par Thomas, la forme comme partie du composé (comme l'âme forme de l'homme) et la forme comme figure (accident ou qualité, par exemple, de la statue d'airain). *Cf.* Thomas d'Aquin, *De verit.*, III, 1, resp. : « alio modo dicitur forma alicuius secundum quam aliquid formatur, sicut anima est forma hominis et figura statuae est forma cupri, et quamvis forma quae est pars compositi vere dicatur esse illius forma non tamen consuevit dici eius idea, quia videtur hoc nomen idea significare formam separatam ab eo cuius est forma » (« en un autre de sens, elle est dite forme d'une chose en tant qu'elle forme quelque chose, comme l'âme est la forme de l'homme et la figure de la statue, forme de l'airain ; et bien que la forme qui est partie du composé est dite être sa forme, on n'a pas coutume de l'appeler son idée, car il semble que ce nom d'idée signifie une forme séparée de ce dont elle est forme »).

3. Thomas d'Aquin, *De verit.*, III, 1, resp. : « tertio modo dicitur forma alicuius ad quam formatur, et haec est forma exemplaris ad imitationem aliquid constituitur, et in hac significatione consuetum est nomen ideae accipi ut idem sit idea quod forma quam aliquid imitatur » (« en un troisième sens, la forme est dite de ce en vue de quoi la chose est formée ; c'est la forme exemplaire à l'imitation de laquelle la chose est constituée, et dans ce sens, on a coutume de lui donner le nom d'idée, puisque l'idée est identique à la forme imitée par la chose »).

quae ex intentione pictoris aliquem presentat. Quaedam medio modo inter per accidens et per se : ut si fiat pictura ad presentandum quem potest presentare. Quaedam veró ut forté obtigit : quemadmodum cum effigiem depictam accidit praeter intentionem quempiam imitari. Quaedam nec per se neque per accidens quae ad nullum prorsus referuntur nec referri possunt imitandum, si possibile est tales esse formas. In primis est ratio maior idealis. In secundis minor. In tertiis minima, in quartis nulla.

CONCEPTUS XXIIII. I

Agens ex natura vel a casu, non ex praescripto voluntatis, non supponit ideas. Tale si esset primus efficiens : nullae essent ideae, et agens nullum ex arbitrio operaretur. Caeterum valeat Democritus, Empedocles et Epicurus.

comme par soi : ainsi la peinture représente quelque chose à partir de l'intention du peintre. Certaines d'une manière intermédiaire entre ce qui imite par accident et ce qui imite par soi : comme si l'on faisait une peinture pour représenter celui qui peut représenter[1]. Il arrive néanmoins que certaines <formes imitent> par hasard, comme lorsque l'effigie peinte imite involontairement quelque individu[2]. D'autres n'imitent ni par soi, ni par accident : comme dans les cas où la forme ne se rapporte à rien ni ne saurait se rapporter à quoi que ce soit, à supposer que de telles formes soient possibles[3]. Dans les premières, la raison de l'idée est plus grande ; dans les secondes, elle est moindre ; dans les troisièmes, elle est minime ; dans les quatrièmes, elle est nulle.

CONCEPT VINGT-QUATRIÈME

L'agent par nature ou par hasard [n'opère] pas d'après la prescription de la volonté et ne suppose pas d'idées. Si tel était le premier efficient, il n'y aurait pas d'idées, et l'agent ne produirait rien par choix. D'ailleurs, cela conforterait

1. Ce mode intermédiaire est un ajout de Bruno au développement de Thomas, et comporte peut-être une allusion au « Tout peintre se peint soi-même » qu'Ange Politien (*Detti piacevoli*, éd. T. Zanato, Roma, Istituto dell' Enciclopedia italiana, 1983, p. 67) attribue à Cosme de Médicis : « Cosme disait que cent bienfaits s'oublient plus vite qu'une seule injure, que celui qui injurie ne pardonne jamais, et que tout peintre se peint soi-même ». Voir aussi Dante, *Banquet*, IV, 52-53 et Jean Pic de la Mirandole, *Commentaire sur une chanson d'amour de Jérôme Benivieni*, I, 5 : « C'est ce qu'évoque notre poète Dante dans une chanson où il dit : "Nul ne peut peindre une figure sans être devenu cette figure" ».

2. Thomas d'Aquin, *De verit.*, III, 1 resp. : « Sed sciendum quod aliquid potest imitari aliquam formam dupliciter ; uno modo ex intentione agentis, sicut pictura ad hoc fit a pictore ut imitetur aliquem cuius figura depingitur ; aliquando autem vero talis praedicta imitatio per accidens praeter intentionem et a casu fit, sicut frequenter pictores a casu faciunt imaginem alicuius de quo non intendunt ; quod autem aliquam formam imitatur a casu non dicitur ad illam formari [...] ; unde cum forma exemplaris vel idea sit ad quam formatur aliquid, oportet quod forma exemplarem vel ideam imitetur per se et non per accidens » (« Mais il faut savoir qu'une chose peut imiter une forme de deux manières ; d'une part, elle peut l'imiter à partir de l'intention de l'agent, comme une peinture effectuée par le peintre à dessein qu'elle imite la chose dont il peint la figure ; il arrive cependant quelquefois que cette imitation soit produite par accident, indépendamment de l'intention et de manière fortuite, comme cela arrive souvent aux peintres qui font l'image de quelque chose sans en avoir l'intention. Puisque cette forme est imitée par hasard, on ne dit pas que <son image> a été formée en vue de d'elle. [...] Il s'ensuit, étant donné que la forme exemplaire ou l'idée sont ce en vue de quoi une chose est formée, qu'il est nécessaire que la forme exemplaire ou l'idée soient imitées par soi et non par accident »).

3. Cas limite d'une forme ou apparence qui n'imite ni par soi ni par accident.

Si habes impossibile ut agentis ratio a quocunque separetur : et importunius ipsum id omnibus rimabere ni omnia tibi reddantur possibilia, reddentur plurima.

CONCEPTUS XXV

Dixit unus de nostratibus. Exemplaris forma habet rationem finis, et ab ea accipit agens formam qua agit quod sit extra ipsum. Non est autem conveniens putare deum agere propter finem alium á se, et accipere aliundé quo sit sufficiens ad agendum : idcirco ideas non habet extra se. Nos autem oportet eas extra, et supra nos inquirere : cum umbras earum tantum in nobis habeamus.

CONCEPTUS XXVI. I

Per speciem quae est in intellectu : melius aliquid apprehenditur, quam per speciem quae est in physico subiecto, quia est immaterialior. Similiter melius cognoscitur aliquid per speciem rei quae est in mente divina, quam per ipsam eius essentiam cognosci possit. Duo requiruntur ad speciem quae est medium cognoscendi : representatio rei cognitae, quae convenit secundum propinquitatem ad cognoscibile, et esse spirituale, et in materiale secundum quod habet esse in cognoscente.

<l'opinion de> Démocrite, Empédocle et Épicure[1]. Si tu tiens pour impossible qu'aucune chose ne soit privée de la raison d'agir, tu l'ouvriras très mal à propos à toutes choses : ne rends pas tout cela possible, tu le rendrais trop multiple.

CONCEPT VINGT-CINQUIÈME

L'un de nos compatriotes a dit : « La forme exemplaire a raison de fin, et l'agent reçoit d'elle la forme par laquelle il produit ce qui est en dehors de lui. Il n'est cependant pas convenable de supposer que Dieu agisse suivant une fin différente de lui-même, et qu'il reçoive d'ailleurs son principe suffisant d'action. Pour cette raison, il n'a pas les idées en dehors de lui-même »[2]. Nous, au contraire, il nous faut les chercher au-dehors et au-dessus de nous, car nous n'en possédons en nous-mêmes que les ombres.

CONCEPT VINGT-SIXIÈME

Une chose est mieux appréhendée par l'espèce qui est dans l'intellect que par l'espèce qui est dans le sujet physique, car l'espèce qui est dans l'intellect est plus immatérielle. Pareillement, une chose est mieux connue par son espèce dans l'esprit divin, qu'elle ne peut être connue par sa propre essence. L'espèce qui est le moyen terme de la connaissance nécessite deux choses : la représentation de la chose connue qui convient selon sa proximité

1. Thomas d'Aquin, *De verit.*, III, 1, resp. : « Secundum hoc ergo patet quod illi qui ponebant omnia casu accidere non poterant ideam ponere [...]. Similiter etiam secundum eos qui posuerunt quod a Deo procedunt omnia per necessitatem naturae et non per arbitrium voluntatis naturae non possunt ponere ideas quia ea quae ex necessitate agunt non praedeterminant sibi finem [...]. Et ideo Plato, refugiens Epicuri opinionem qui ponebat omnia casu accidere et Empedoclis et aliorum qui ponebant omnia accidere ex necessitate naturae, posuit ideas esse » (« Il s'ensuit que ceux qui ont soutenu que tout arrive par hasard n'ont pas pu poser d'idées [...]. De même, aussi, que ceux qui ont soutenu que tout procède de Dieu par nécessité naturelle et non par un décret de la volonté, n'ont pu poser d'idées car les choses qui agissent par nécessité de nature ne se déterminent pas relativement à une fin. [...] C'est ainsi que Platon a posé l'existence des idées, en réfutant l'opinion d'Épicure selon lequel toutes choses arrivent par hasard, et celle d'Empédocle et de ceux qui posaient que tout arrive par nécessité naturelle »).

2. Thomas d'Aquin, *De verit.*, III, 1, resp. : « Sed quia forma exemplaris vel idea habet quodam modo rationem finis et ab ea accipit artifex formam qua agit si sit extra ipsum, non est autem conveniens ponere Deum agere propter finem alium a se et accipere aliunde unde sit sufficiens ad agendum, ideo non possumus ponere ideas esse extra Deum, sed in mente divina tantum ».

CONCEPTUS XXVII. O

Sicut ideae sunt formae rerum principales, secundum quas formatur omne quod oritur et interit : et non solum habent respectum ad id quod generatur et corrumpitur ; sed etiam ad id quod generari et interire potest. Ita tunc verum est nos in nobis idearum umbras efformasse, quando talem admittunt facultatem et contrectabilitatem : ut sint ad omnes formationes possibiles, adaptabiles. Nos similitudine quadam formavimus eas, quae consistunt in revolutione rotarum. Tu si aliam potes tentare viam tenta.

CONCEPTUS XXVIII. V

Accidentium ideas non posuit Plato. Cum quippe intelligeret eas esse proximas rerum causas : unde si quid praeter ideam esset proxima causa rei, illud non volebat habere ideam, ideóque in iis quae dicuntur per prius et posterius non esse voluit communem ideam : sed primum esse ideam secundi. Unde Clemens philosophus in entibus superiora volebat esse inferiorum ideas. Accidentium ideas esse volunt Theologi qui intelligunt Deum esse immediatam causam uniuscuiusque rei, licet secundos deos causasque non excludant. Et nos in proposito ideó omnium volumus esse

au connaissable, et l'être spirituel et immatériel, selon lequel elle a son être dans le connaissant [1].

CONCEPT VINGT-SEPTIÈME

De même que les idées sont les formes principales des choses, d'après lesquelles est formé tout ce qui naît et meure, et qu'elles n'ont pas seulement rapport à ce qui est soumis à la génération et à la corruption, mais aussi à ce qui peut être engendré ou naître [2]; de même alors est-il vrai <de prétendre> que nous avons formé en nous-mêmes les ombres des idées, lorsque <ces ombres> admettent une faculté et une contractabilité telles qu'elles peuvent être adaptées à toutes les formations possibles. En vertu d'une certaine similitude, nous avons formé celles qui consistent dans la révolution des roues. Si tu peux tenter de suivre une autre voie, fais-le.

CONCEPT VINGT-HUITIÈME

Platon n'a pas posé d'idées des accidents, parce qu'il a conçu les idées comme les causes prochaines des choses. Par conséquent, si quelque chose, en dehors de l'idée, était cause prochaine, il ne voulait pas qu'il y en ait une idée, et il ne voulait pas davantage qu'entre ce qui se dit selon l'antérieur et le postérieur, il y ait d'idée commune, mais que le premier soit l'idée du second. C'est pourquoi Clément le philosophe soutenait que, parmi les êtres, les choses supérieures sont les idées des choses inférieures. Les théologiens soutiennent qu'il y a des idées des accidents. Ils conçoivent Dieu comme cause immédiate de toute chose, sans exclure <l'intervention> des dieux et des causes

1. Thomas d'Aquin, *De verit.*, III, 1 ad 2 : « Ad secundum dicendum quod ad speciem quae est medium cognoscendi duo requiruntur, scilicet repraesentatio rei cognitae quae competit ei secundum propinquitatem ad cognoscibile, et esse spirituale vel immateriale quod ei competit secundum quod habet esse in cognoscente : unde per speciem quae est in intellectu melius cognoscitur aliquid quam per speciem quae est in sensu quia est immaterialior, et similiter melius cognoscitur aliquid per speciem rei quae est in mente divina quam per ipsam eius essentiam cognosci posset ».

2. *Ibid.*, III, 1, ad 5 : « ad quintum dicendum quod ideae existentes in mente divina non sunt generatae nec sunt generantes si fiat vis in verbo, sed sunt creativae et productivae rerum : unde dixit Augustinus in LXXXIII Questionum : "Cum ipsae neque oriantur neque intereant, secundum eas tamen formari dicitur omne quod oriri et interire potest" ». Voir Augustin, *De div. quaest.* LXXXIII, 46.

ideas : quia ab omni conceptabili ad easdem conscendimus. De omnibus enim formamus umbras ideales. Nec propterea destruimus Platonicam doctrinam ut intelligenti patet.

CONCEPTUS XXIX. A

Singularium ideas non posuit Plato, sed specierum tantum. Tum quia ideae pertinent ad formarum productionem tantum, non materiae. Tum etiam quia formae principaliter sunt intentae per naturam, non autem genera et individua. Singularium ideas ponunt Theologi, quia et quantum ad materiam et quantum ad formam attinet, totalem causam asserunt esse Deum. Et nos in proposito singularium ideas volumus, quia sumimus ideati rationem secundum universalem figurati, et apprehensi similitudinem : sive illa sit ante rem, sive in re, sive res, sive post rem : atque ita sive in sensu, sive in intellectu, et hoc sive practico, sive speculativo.

secondes[1]. Et nous, dans le propos présent, nous soutenons qu'il y a des idées de toutes choses pour ce motif que nous remontons vers elles à partir de toute chose concevable. À partir de toute chose, en effet, nous formons des ombres idéales. Ce n'est pas pour cela que nous détruisons la doctrine platonicienne, comme cela est évident pour qui nous comprend.

CONCEPT VINGT-NEUVIÈME

Platon n'a pas posé d'idées des choses singulières, mais seulement des espèces, soit parce que les idées ne regardent que la production des formes, non de la matière, soit aussi parce que les formes ont été principalement dirigées au moyen de la nature, et non des genres et des individus.

Les théologiens posent les idées des choses singulières, car ils assurent que Dieu est cause totale aussi bien quant à la matière que relativement à la forme[2]. Et nous aussi, dans le présent propos, nous affirmons qu'il y ait des idées des choses singulières, car nous posons que la raison de l'idée est figurée et appréhendée selon une similitude universelle : qu'elle soit antérieure à la chose, dans la chose, qu'elle soit la chose même ou postérieure à la chose, dans le sens aussi bien dans l'intellect, qu'il soit pratique ou spéculatif.

1. Thomas d'Aquin, *De verit.*, III, 7, resp. : « Dicendum quod Plato, qui primum introduxit ideas, non posuit ideas accidentium sed solum substantiarum, ut patet per Philosophum in I Metaphysicae ; cuius ratio fuit quia Plato posuit ideas esse proximas causas rerum, unde illud cui inveniebat proximam causam praeter ideam non ponebat habere ideam ; et inde est quodponebat in his quae dicuntur per prius et posterius non esse communem ideam sed primum esse ideam secundi. Et hanc etiam opinionem tangit Dionysius in V cap. De divinis nominibus, imponens eam cuidam Clementi philosopho qui dicebat superiora in entibus esse inferiorum exemplaria. Et hac ratione, cum accidens immediate a substantia causetur, accidentium ideas Plato non posuit. Sed quia nos ponimus Deum immediatam causam uniuscuiusque rei secundum quod in omnibus causis secundis operatur [...], ideo non solum primorum entium sed etiam secundorum in eo ideas ponimus, et sic substantiarum et accidentium sed diversorum accidentium diversimode ».

2. Thomas d'Aquin, *De verit.*, III, 8, resp. : « Dicendum quod Plato non posuit ideas singularium sed specierum tantum, cuius duplex fuit ratio : una quia secundum ipsum ideae non erant factivae materiae sed formae tantum in his inferioribus, singularitatis autem principium est materia [...] ; alia ratio esse potuit quia idea non est nisi eorum quae per se sunt intenta [...], intentio autem naturae est principaliter ad speciem conservandam [...] ; et eadem ratione Plato non ponebat ideas generum. [...] Nos autem ponimus Deum causam esse singularis et quantum ad formam et quantum ad materiam, [...] et ideo oportet nos etiam singularium ponere ideas ».

Conceptus XXX.

Ideas minus communes in ideis communioribus generatas quidam collocant, ac tandem omnium idearum genera in ipso ente primo, quod summum intelligibile vocant, uniunt. Tu umbras idearum minus communes in communioribus : et subiecta earum extrinseca minus communia, in communioribus collocare memento.

CONCEPT TRENTIÈME

Certains placent la génération des idées moins communes dans les idées plus communes, et unissent finalement les genres de toutes les idées dans l'être premier lui-même, qu'ils appellent l'intelligible suprême [1]. Toi, souviens-toi de situer les ombres des idées moins communes dans celles des plus communes, et de placer leurs sujets extérieurs les moins communs dans les plus communs.

1. Voir Ficin, *Théol. plat.*, XI, 4, p. 113 : « Sane ideas minus communem in ideis communioribus generatim Platonici collocant ac demum omnia idearum genera in ipso ente primo communissimo entium atque perfectissimo, quod summum intelligibile vocant ».

BIBLIOGRAPHIE

ŒUVRES LATINES DE BRUNO

Opera latine conscripta, publicis sumptibus edita, recensebat F. Fiorentino [F. Tocco, H. Vitelli, V. Imbriani, C. M. Tallarigo], Neapoli-Florentiae, Morano, 1879-1891, 3. vol. en 8 tomes, accessible en ligne sur le site du Warburg Institute.

De umbris idearum, éd. R. Sturlese, Olschki, Firenze, 1991.

Opere magiche, dir. M. Ciliberto, éd. S. Bassi, E. Scapparrone, N. Tirinnanzi, Milano, Adelphi, 2000.

Opere mnemotecniche, dir. M. Ciliberto, éd. M. Matteoli, R. Sturlese, N. Tirinnanzi, Milano, Adelphi, 2004, 2 t.

Opere lulliane, dir. M. Ciliberto, éd. M. Matteoli, R. Sturlese, N. Tirinnanzi, Milano, Adelphi, 2012.

Due dialoghi sconosciuti e due dialoghi noti (*Idiota triumphans, De somni interpretatione, Mordentius, De Mordentii circino*), éd. G. Aquilecchia, Roma, Edizioni di Storia e Letteratura, 1957.

Centum et viginti articuli de natura et mundo adversus Peripateticos, éd. E. Canone, trad. it. C. Monti, Pisa-Roma, Fabrizio Serra, 2007.

De la magie, trad. fr. D. Sonnier et B. Donné, Paris, Allia, 2000.

Des liens, trad. fr. D. Sonnier et B. Donné, Paris, Allia, 2001.

De la triade supérieure des contraires. De opposita superna triade, trad. fr. S. Galland, Paris, Éditions Comp'act, 2004 [extrait de la *Lampas triginta statuarum*].

Le sceau des sceaux. Sigillus sigillorum, trad. fr. T. Dagron et S. Galland, précédé de T. Dagron, *Mémoire, imagination et intellection dans le* Sigillus sigillorum, Paris, Vrin, 2020.

ŒUVRES ITALIENNES DE BRUNO

Dialoghi italiani, éd. G. Aquilecchia, notes G. Gentile, Firenze, Sansoni, 1985 (3 e éd.).

Dialoghi filosofici italiani, dir. M. Ciliberto, Milano, Mondadori, 2000.

Opere italiane, éd. G. Aquilecchia, Torino, UTET, 2007, 2 t.

Je cite les œuvres italiennes de Bruno dans l'édition de G. Aquilecchia parue aux Belles Lettres, accompagnée de traductions françaises :

Candelaio, Chandelier, éd. G. Aquilecchia, introd. et notes G. B. Squarotti, trad. fr. Y. Hersant, Paris, Les Belles Lettres, 1993.

La Cena de le Cenere, Le souper des Cendres, éd. G. Aquilecchia, introd. A. Ophir, notes, G. Aquilecchia, trad. fr. Y. Hersant, Paris, Les Belles Lettres, 1994.

De la causa, principio et uno, De la cause, du principe et de l'un, éd. et notes G. Aquilecchia, trad. fr. L. Hersant, Paris, Les Belles Lettres, 1996.

De l'infinito, universo et mondi, De l'infini, de l'univers et des mondes, éd. G. Aquilecchia, introd. M. A. Granada, notes J. Seidengart, trad. fr. J.-P. Cavaillé, Paris, Les Belles Lettres, 1995.

Spaccio de la bestia trionfante, Expulsion de la bête trionfante, éd. G. Aquilecchia, notes M. P. Ellero, introd. N. Ordine, trad. fr. J. Balsamo, Paris, Les Belles Lettres, 1999.

Cabala del cavallo pegaseo, Cabale du cheval pégaséen, éd. G. Aquilecchia, introd. et notes N. Badaloni, trad. fr. T. Dagron, Paris, Les Belles Lettres, 1994.

De gli eroici furori, Des fureurs héroïques, éd. G. Aquilecchia, introd. et notes M. A. Granada, trad. fr. P.-H. Michel rev. Y. Hersant, Paris, Les Belles Lettres, 1999.

SUR GIORDANO BRUNO

SALVESTRINI V., FIRPO L., *Bibliografia di Giordano Bruno (1582-1950)*, Firenze, Sansoni, 1958.

SEVERINI M. E., *Bibliografia di Giordano Bruno : 1950-2000*, Roma, Edizioni di Storia e Letteratura, 2002.

« Bibliografia bruniana, 2001-2010 », in *Bruno nel XXI secolo : interpretazioni e ricerche : atti delle giornate di studio (Pisa, 15-16 ottobre 2009)*, Firenze, Olschki, 2012, p. 177-227.

On peut signaler la revue consacrée, pour l'essentiel, aux études sur G. Bruno et T. Campanella : *Bruniana & Campanelliana* (depuis 1994).

TEXTES CITÉS (ANTÉRIEURS À 1800)

Je n'indique pas de manière exhaustive, dans la bibliographie, les références aux textes classiques que je cite, la plupart du temps, dans les éditions des Classiques Universitaires Français (Les Belles Lettres), non plus que les usuels de la philosophie (Aristote, Platon, Plotin, Augustin, Thomas d'Aquin), que je cite en utilisant les références habituelles (auxquelles, le cas échéant, j'ajoute celles des traductions anciennes).

AGRIPPA H. C., *De occulta philosophia*, éd. V. Perrone Compagni, Leiden New York, Brill, 1992.

ALBERTI L. B., *De pictura. De la peinture*, trad. fr. J.-L. Schefer, Paris, Macula, 1999.

ARISTOTE, *Aristotelis opera cum Averrois commentariis*, Venise, 1562.

- *La poétique*, éd., trad. fr., notes R. Dupont-Roc et J. Lallo, Paris, Seuil, 1980.
- *De l'âme*, trad. fr. J. Tricot, Paris, Vrin, 1988.
- *De l'âme*, trad. fr. R. Bodéüs, Paris, GF-Flammarion1993.

– *Petits traités d'histoire naturelle*, éd. et trad. fr. R. Mugnier, Paris, CUF, 1965.
– *Petits traités d'histoire naturelle*, trad. fr. P.-M. Morel, Paris, GF-Flammarion, 2000.
AVERROÈS, *Aristotelis opera cum Averrois commentariis*, Venise, 1562.
– *Commentarium magnum in Aristotetelis de anima libros*, éd. F. S. Crawford, Cambridge, The Medieval Academy of America, 1953.
– *L'intelligence et la pensée. Grand commentaire sur le* De anima (*livre III*), trad. fr. A. de Libera, Paris, GF-Flammarion, 1998.
AVICENNE, *Liber de anima*, éd. S. Van Riet, Louvain, Peeters, 1968-1972.
COPERNIC N., *De revolutionibus orbium coelestium. Des Revolutions des orbes célestes*, éd. et trad. fr. M.-P. Lerner, A.-Ph. Segonds, J.-P. Verdet, Paris, Les Belles Lettres, 2015.
CUES N. de, *De coniecturis*, éd. J. Koch, K. Bormann, J. C. Senger, Hamburg, Meiner, 1964.
– *De docta ignorantia*, éd. P. Wilpert, Hamburg, Meiner, 1964-1977 ; trad. fr. H. Pasqua, *La docte ignorance*, Paris, Rivages, 2011.
– *Idiota De mente*, éd. R. Steiger, Hamburg, Meiner, 1983.
– *Trialogus de possest*, éd. E. Hoffmann, P. Wilpert, K. Bormann, Hamburg, Meiner, 1991 ; trad. fr. P. Caye, P. Magnard et F. Vengeon, *Trialogus de possest. Dialogue à trois sur le pouvoir-est*, texte et traduction P. Caye, P. Magnard et F. Vengeon, Paris, Vrin, 2006.
– *Le « pouvoir-est »*, éd. et trad. fr. H. Pasqua, Paris, P.U.F., 2014.
FICIN M., *Marcilii Ficini Opera*, Bâle, 1576, 2 t.
– *Théologie platonicienne*, éd. et trad. fr. R. Marcel, Paris, Les Belles Lettres, 1964.
– *Commentaria Marsilii Ficini Florentini in Philebum Platonicis*, éd. M. Allen, Berkeley, UCP, 1975.
– *Commentarium in Convivium Platonis. De amore. Commentaire sur le Banquet de Platon*, éd. et trad. fr. P. Laurens, Paris, Les Belles Lettres, 2002.
– *El libro dell'amore*, éd. S. Niccoli, Firenze, Olschki, 1987.
– *Les trois livres de la vie* [1582], trad. fr. G. Le Febvre de la Broderie, Paris, Fayard, 2000 (en Appendice trad. fr. Th. Gontier du chapitre III, 16).
– *Lettere I. Epistolarum familiarium liber I*, éd. S. Gentile, Firenze, Olschki, 1990.
– *Correspondance*, livre I. *Epistolarium* (1457-1475), texte latin, trad. fr. J. Raynaud et S. Galland, Paris, Vrin, 2014.
– *Correspondance*, livre II. *Opuscules philosophiques 1476-1479*, trad. fr. S. Galland, Paris, Vrin, 2019.
– *Métaphysique de la lumière* (*Opuscules, 1476-1492*), texte et trad. fr. J. Reynaud et S. Galland, Paris, Lact mem, 2008.
JAMBLIQUE, *De mysteriis*, trad. M. Ficin, Venise, 1516.
LÉON HÉBREU (Juda Abravanel), *Dialogues d'amour*, trad. fr. Pontus de Tyard (1551), éd. S. Ansaldi et T. Dagron, introd. et notes explicatives T. Dagron, Paris, Vrin, 2006.
LÉONARD DE VINCI, *Carnets*, éd. E. Maccurdy, trad. fr. L. Servicien, Paris, Gallimard, 1942.
– *Traité de la peinture*, trad. fr. A. Chastel, Paris, Éditions Berger-Levault, 1987.
LONGIN, *Fragments. Art rhétorique*, éd. et trad. fr. M. Patillon et L. Brisson, Paris, Les Belles Lettres, 2001.

MAÏMONIDE, *Le guide des égarés* [1856-1861-1866], trad. fr. S. Munk, Paris, Maisonneuve-Larose, 2003.
MONTAIGNE M. de, *Les essais*, éd. P. Villey, Paris, P.U.F., 1965.
PIC DE LA MIRANDOLE J., *Œuvres philosophiques*, Paris, P.U.F., 1993.
- *Commento. Commentaire sur un poème d'amour composé par Girolamo Benivieni*, trad. fr. S. Toussaint, Lausanne, L'âge d'homme, 1989.
- *Conclusiones sive Theses DCCCC*, éd. B. Kieszkowski, Genève, Droz, 1973.
- *Neuf cent conclusions philosophiques, cabalistiques et théologiques*, texte latin et traduction B. Schefer, Paris, Allia, 1999.
PLATON, *Divini Platonis opera Marsilio Ficino interprete*, Lyon, 1562.
PLOTIN, *Plotini Opera omnia*, éd., trad. et comm. M. Ficin, Bâle, 1580.
- *Ennéades*, éd. et trad. fr. E. Brehier, Paris, CUF, 1956.
PLUTARQUE, *Œuvres morales et mêlées*, trad. fr. Paris, Amyot, 1572.
SYNÉSIOS DE CYRÈNE, *Traité des songes*, trad. fr. N. Aujoulat, *Opuscules*, t. 1, Paris, CUF, 2004.
- *De insomniis*, trad. fr. M. Ficin, dans Iamblicus Chalcidensis, *De mysteriis*, Venise, 1516, réimp. *Accademia* 1, 1999.
- *Zohar. Le Cantique des Cantiques*, trad. fr. Ch. Mopsik, Paris, Verdier, 1999.

CHOIX D'ÉTUDES

BADALON N., *La filosofia di Giordano Bruno*, Firenze, Parenti, 1955.
- *Giordano Bruno. Tra cosmologia ed etica*, Roma-Bari, Laterza, 1986.
- *Inquietudini e fermenti di libertà nel Rinascimento italiano*, Pisa, Edizioni ETS, 2004.
BASSI S., *L'arte di Giordano Bruno. Memoria, furore, magia*, Firenze, Olschki, 2004.
- *L'incanto del pensiero. Studi e ricerche su Giordano Bruno*, Roma, Edizioni di Storia e Letteratura, 2014.
BRENET J.-B., *Transferts du sujet. La néotique d'Averroès et de Jean de Jandun*, Paris, Vrin, 2003.
CAMBI M., *La machina del discorso. Lullismo e retorica negli scritti latini di Giordano Bruno*, Napoli, Liguori, 2002.
CANONE E., *Il dorso e il grembo dell'eterno. Percorsi della filosofia di Giordano Bruno*, Pisa-Roma, Istituti editoriali e tipografici internazionali, 2003.
- « Il concetto di *ingenium* in Bruno », *Bruniana & Campanelliana* IV, 2, 1998, p. 11-35.
CARRUTHERS M., *Le livre de la mémoire. La mémoire dans la culture médiévale*, trad. fr. D. Meur, Paris, Macula, 2002.
- *Machina memorialis. Méditation, rhétorique et fabrication des images au Moyen âge (400-1200)*, trad. fr. F. Durand-Bogaert, Paris, Gallimard, 2002.
CILIBERTO M., *La ruota del tempo. Interpretazione di Giordano Bruno*, Roma, Editori Riuniti, 1986.
- *Giordano Bruno*, Roma-Bari, Laterza, 1990.
- *Il sapiente furore. Vita di Giordano Bruno*, Milano, Adelphi, 2020.
DAGRON T., *Unité de l'être et dialectique. L'idée de philosophie naturelle chez Giordano Bruno*, Paris, Vrin, 1999.
DE BERNART L., *Immaginazione e scienza in Giordano Bruno. L'infinito nelle forme dell'esperienza*, Pisa, ETS, 1986.

Numerus quodammodo infinitus. Per un approccio storico-teorico al "dilemma matematico" nella filosofia di Giordano Bruno, Roma, Edizioni di Storia e Letteratura, 2002.

DEL PRETE A., *Universo infinito e pluralità dei mondi. Teorie cosmologiche in età moderna*, Napoli, La Città del Sole, 1998.

FIRPO L., *Il processo di Giordano Bruno*, éd. D. Quaglioni, Roma, Salerno, 1993 ; trad. fr. A.-Ph. Segonds, dans G. Bruno, *Documents. I. Le procès*, éd. L. Firpo, Paris, Les Belles Lettres, 2000.

GISONDI G., *"Profonda magia". Vincolo, natura e politica in Giodano Bruno*, Napoli, Istituto Italiano di Studi Filosofici, 2020.

GRANADA M. A., *Universo infinito, unión con Dios, perfección del hombre*, Barcelona, Herder, 2002.

– « Giordano Bruno et la *dignitas hominis* : présence et modification d'un motif du platonisme de la Renaissance », *Nouvelles de la République des Lettres* 1, 1993, p. 35-89.

– « Il rifiuto della distinzione tra *potentia absoluta* e *potentia ordinata* di Dio e l'affermazione dell'universo infinito in Giordano Bruno », *Rivista di storia della filosofia* 3, 1994, p. 495-532.

HAMESSE, J., *Les* Auctoritates Aristotelis. *Un florilège médiéval. Étude historique et édition critique*, Paris-Louvain, Publications Universitaires-Nauwelaerts, 1974.

INGEGNO A., *Cosmologia e filosofia nel pensiero di Giordano Bruno*, Firenze, La Nuova Italia, 1978.

– *Regia pazzia. Bruno lettore di Calvino e Lutero*, Urbino, Quattro Venti, 1987.

– *La sommersa nave della religione : studio sulla polemica anticristiana* del Bruno, Napoli, Bibliopolis, 1984.

– « Il primo Bruno e l'influenza di Marsilio Ficino », *Rivista critica di storia della filosofia* 2, 1968, p. 149-170.

DE LIBERA A., *La querelle des universaux. De Platon à la fin du Moyen Âge*, Paris, Seuil, 1996.

MOPSIK, Ch., *Le sexe des âmes. Aléas de la différence sexuelle dans la Cabale*, Paris-Tel Aviv, Éditions de l'éclat, 2003.

PATTIN A., *Pour l'histoire du sens agent : la controverse entre Barthélémy de Bruges et Jean de Jandun, ses antécédents et son évolution*, Leuven, LUP, 1988.

PAPI F., *Antropologia e civiltà nel pensiero di Giordano Bruno*, Firenze, La Nuova Italia, 1968.

– *La costruzione della verità. Giordano Bruno nel periodo londinese*, introd. N. Ordine, Milano, Mimesis, 2010.

– « L'antropologia naturalistica del *De Vinculis in genere* di Giordano Bruno », *Acme* 15/3, 1962, p. 151-178.

PERRONE COMPAGNI V., « Voci degli animali e parole dell'uomo nella magia di Bruno », *Bruniana & Campanelliana* VIII/1, 2002, p. 181-195.

– « Le opere magiche di Bruno. Note di lettura », *Rivista di Storia della Filosofia* 2, 2002, p. 201-224.

– « Natura maga. Il concetto di natura nella discussione rinascimentale sulla magia », *in* D. Giovannozzi et M. Veneziani (a cura di), *Natura*. XII colloquio internazionale (Roma, 4-6 gennaio 2007), Firenze, Olschki, 2008, p. 243-267.

– « *Minime occultum chaos* : la magia riordinatrice del *Cantus circaeus* », *Bruniana & Campanelliana* VI/2, 2000, p. 281-297.

RICCI S., *Giordano Bruno nell'Europa del Cinquecento*, Roma, Salerno editrice, 2000.

ROSSI P., *Clavis universalis. Arts de la mémoire, logique combinatoire et langue universelle de Lulle à Leibniz* [1960], trad. fr. P. Rossi, Paris, Millon, 1993.

SACERDOTI G., *Sacrificio e sovranità. Teologia e politica nell'Europa di Shakespeare e Bruno*, Torino, Einaudi, 2002.

SCHOLEM G., *La mystique juive. Thèmes fondamentaux*, trad. fr. M.-R. Hayoun, Paris, Cerf, 1985.

SPRUIT L., *Il problema della conoscenza in Giordano Bruno*, Napoli, Bibliopolis, 1988.

– « Magia : socia naturae. Questioni teoriche nelle opere magiche di Giordano Bruno », *Il Centauro* XVII/XVIII, 1986, p. 146-169.

STURLESE R., « Le fonti del *Sigillus sigillorum* del Bruno, ossia il confronto con Ficino a Oxford sull'anima umana », *Nouvelles de la République des Lettres* 2, 1994, p. 89-167.

– « "Averroe quantumque arabo et ignorante di lingua greca..." : note sull'averroismo di Giordano Bruno », *Giornale critico della filosofia italiana* XII, 1992, p. 248-275.

– « Arte della natura e arte della memoria in Giordano Bruno », *Rinascimento* XL, 2000, p. 123-141.

YATES F., *L'art de la mémoire*, trad. fr. D. Arasse, Paris, Gallimard, 1975.

ZAMBELLI P., *L'ambigua natura della magia. Filosofi, streghe, riti nel Rinascimento*, Milano, Il Saggiatore, 1991.

INDEX DES NOMS
(INTRODUCTION ET NOTES)

ABRAVANEL, ISAAC, 61
ABRAVANEL, JUDA (dit LÉON HÉBREU), 56, 58, 60, 62, 63
AGRIPPA, H. C., 79
ALBERTI, L. B., 12, 39
ALEXANDRE D'APHRODISE, 149
ANAXAGORE, 117
ARISTOTE, 11, 13, 16, 19, 25, 29, 30, 33, 35, 36, 54, 71,79, 103, 113, 149, 151, 153, 163
AUGUSTIN, 177
AVEMPACE (IBN BÂGGA), 47, 49
AVERROÈS (IBN RUSHD), 21, 37, 44-50, 60, 123, 149
AVICENNE, 58

BERNARD DE CLAIVAUX, 123

CÉBÈS, 25, 29
CICÉRON, 11, 71, 73
CLÉMENT, 179
COPERNIC, N., 69, 71
COSME DE MÉDICIS, 173

DAGRON, T., 10, 17, 46, 145, 149, 169
DANTE, 173
DÉMOCRITE, 175

EMPÉDOCLE, 175
ÉPICURE, 175
ÉRASME, 9, 85

AL-FÂRÂBÎ, 58

FICIN, M., 19-21, 25, 36, 54, 55, 58, 71, 81, 95, 105, 107, 108, 115, 117, 123, 131, 147, 149, 151, 153, 159, 161, 163, 167, 169, 181

GOODY, J., 11
GRANADA, M. A., 55

HÉRACLITE, 95
HOMÈRE, 117

LÉONARD DE VINCI, 39-41
LIBERA, A. DE, 21

MAÏMONIDE, 58, 59
MARTIAL, 77
MOPSIK, CH., 62

NICOLAS DE CUES, 125, 157

OSIANDER, A., 69

PARMÉNIDE, 79, 93, 95
PAUL DE TARSE, 16, 53
PHIDIAS 12
PIC DE LA MIRANDOLE, J., 173
PLATON, 11, 13, 16, 17, 19, 25, 29, 30, 33, 35, 36, 54, 93, 99, 103, 147, 155, 169, 175, 179
PLOTIN, 12, 13, 16, 19, 41, 43, 54, 93, 101, 105, 107, 117, 131, 143, 149, 151, 153, 159, 167
POLITIEN, A., 11, 73

PORPHYRE, 21
PROCLUS, 19
PYTHAGORE, 103, 107

QUINTILIEN, 11

SCHOLEM, G., 61
SALOMON, 15, 93, 133, 155
SIGER DE BRABANT, 56, 60
SIMONIDE, 70
SOCRATE, 25, 28, 29, 33

THOMAS D'AQUIN, 60, 109, 171, 173, 175, 177, 179

TABLE DES MATIÈRES

ABRÉVIATIONS 7
INTRODUCTION par Tristan DAGRON 9
CHAPITRE PREMIER : L'OMBRE COMME FORME « POSTÉRIEURE À LA CHOSE » (*POST REM*) 15
L'appréhension oblique du vrai 15
L'ombre et l'image 19
Le sens générique de l'ombre chez Bruno 21
CHAPITRE II : LE MÉCANISME DU SOUVENIR : PLATON ET ARISTOTE 27
La réminiscence dans le *Phédon* 27
La dualité de l'image dans le *De memoria* d'Aristote 29
CHAPITRE III : OMBRE, COULEUR ET INTELLIGIBLE 35
Ombres physiques et sensation 37
Les ombres de l'intelligible 41
CHAPITRE IV : LA DOUBLE VIE DE L'ÂME : CONTRARIÉTÉ ET FUREUR 51
Le diaphane de l'âme 51
Des *Dialogues d'amour* aux *Fureurs héroïques* 58

GIORDANO BRUNO

LES OMBRES DES IDÉES – *DE UMBRIS IDEARUM*

DIALOGUE PRÉLIMINAIRE. APOLOGIE EN FAVEUR DES OMBRES 67
LES TRENTE INTENTIONS DES OMBRES 93
DES TRENTE CONCEPTS DES IDÉES 143

BIBLIOGRAPHIE 183
INDEX DES NOMS 189
TABLE DES MATIÈRES 191

ACHEVÉ D'IMPRIMER
EN JANVIER 2024
SUR LES PRESSES
DE
L'IMPRIMERIE F. PAILLART
À ABBEVILLE

DÉPÔT LÉGAL : 1er TRIMESTRE 2024
N°. IMP. 17469